Realschule Bayern

Schulaufgabentrainer Deutsch

6

Herausgegeben von
Renate Kroiß (Neumarkt) und Bernd Schurf (Neuss)

Erarbeitet von
Gertraud Bildl (Waldbüttelbrunn)
Renate Kroiß (Neumarkt)
Nicole Luber (Abensberg)
Johanna Mödl (Weißenburg)
Petra Stich (Burglengenfeld)
Sonja Wiesiollek (Baldham)
Gunder Wießmann (Neumarkt)

Fröba

Cornelsen

Inhaltsverzeichnis

Wie du mit diesem Schulaufgabentrainer arbeiten kannst

Dieses Trainingsheft hilft dir, die Schulaufgaben und den Jahrgangsstufentest im Fach Deutsch gut vorzubereiten.

Wie bereitest du dich mit diesem Heft auf die Schulaufgaben vor?

Die folgende Übersicht zeigt dir, welche Arten von Schulaufgaben du in der 6. Klasse erwarten kannst.

a) Kreuze an, welche Schulaufgabe du demnächst schreiben wirst. Frage, wenn du unsicher bist, bei deiner Deutschlehrerin oder deinem Deutschlehrer nach.

b) In der Zeile, die du angekreuzt hast, sind Seitenzahlen angegeben. Bearbeite diese Seiten konzentriert, dann bist du (sehr gut) vorbereitet.

Kreuze hier an	Kapitel	Schulaufgabentyp	Seiten
☐	1	Du lässt dich von **Reizwörtern** anregen und verfasst eine anschauliche, ansprechende Fantasieerzählung.	4–9
☐	2	Aus verschiedenen Zeugenaussagen suchst du die wichtigen Informationen heraus und schreibst einen **Bericht** über einen Unfall.	10–15
☐	3	Du verfasst einen **sachlichen Brief,** in dem du den Empfänger von deinem Anliegen überzeugst.	16–21
☐	4	Mit Hilfe vorgegebener Fragen fasst du eine **Sage** zusammen und findest Sagenmerkmale im Text. Dann erzählst du die Sage **aus veränderter Perspektive** oder erfindest zum Anfang der Sage eine **neue Fortsetzung und einen neuen Schluss.**	22–29
☐	5	Mit Hilfe vorgegebener Fragen **fasst** du einen **Sachtext** knapp und sachlich **zusammen** und beschreibst seinen **Aufbau.** Dann **begründest** du deine **Meinung** zu einer speziellen Frage zum Text.	30–37
☐	6	Du löst verschiedene Aufgaben zur **Rechtschreibung** und zeigst, dass du dich auch in der **Grammatik** auskennst.	38–47

In den Kapiteln 1 bis 5 bereitest du dich auf zusammenhängende Aufsätze vor. Die Kapitel sind alle gleich aufgebaut:

- Das Kapitel wird durch ein Beispiel für eine **Schulaufgabe** eröffnet. Dieses Beispiel sollst du aufmerksam lesen, aber noch nicht gleich bearbeiten.
- Im Abschnitt **A Was wird von dir verlangt?** kannst du überprüfen, ob du verstanden hast, worauf es bei dieser Aufgabe ankommt.
- In **B Ideen sammeln** trainierst du Verfahren, gute Ideen, Materialien und Stoff zum Thema zu finden.
- Teil **C Einen Schreibplan erstellen** zeigt dir, wie du deine Ideen und Materialien gliedern und in eine übersichtliche Form bringen kannst.
- In Abschnitt **D Übungen** trainierst du einzelne Bereiche der Schulaufgabe.
- Es folgt der Abschnitt **E Den eigenen Text verfassen und überarbeiten:** Du schreibst einen ersten Aufsatzentwurf in dein Heft. Eine Checkliste und Übungen zum Überarbeiten helfen dir, deinen Aufsatz kritisch zu überprüfen und aus dem ersten Entwurf eine möglichst vollständige Reinschrift zu machen.

Wie bereitest du dich mit diesem Heft auf den Jahrgangsstufentest Deutsch vor?

Am Ende dieses Heftes findest du auf den Seiten 48 bis 55 eine Einheit, mit der du dich auf diesen Test vorbereiten kannst. Weitere Tipps dazu findest du auf Seite 48.

Wie überprüfst du deine Ergebnisse?

- Die **Checklisten** in den Kapiteln 1 bis 6 zeigen dir, worauf du bei der Kontrolle deiner Aufsätze achten solltest.
- Diesem Heft liegt ein **Lösungsheft** bei. Darin findest du für jede Aufgabe eine Musterlösung, sodass du deine Ergebnisse jederzeit selbst überprüfen und korrigieren kannst.
- Das Lösungsheft hilft dir auch beim Auswerten der Einheit zum Jahrgangsstufentest.

1 Das geflügelte Pferd –
Zu Reizwörtern eine Fantasieerzählung schreiben

Schulaufgabe

Schreibe eine spannende Fantasieerzählung zu folgenden Reizwörtern:
schlechte Note – geflügeltes Pferd – Schulhof.

Hier siehst du eine mögliche Aufgabenstellung für eine Schulaufgabe. Lies sie aufmerksam durch, beginne aber noch nicht gleich zu schreiben, sondern bearbeite erst die Aufgaben und Übungen auf den Seiten 4 bis 9.

A Was wird von dir verlangt?

1 **a** Überprüfe dein Wissen über den Umgang mit den Reizwörtern: Streiche im folgenden Text die falschen Angaben durch und trage den Buchstaben der richtigen Lösung in das unten stehende Kästchen ein. Ein Beispiel ist schon vorgegeben.

Für eine Reizwortgeschichte gelten die gleichen Regeln wie für eine Erlebniserzählung. Einige Punkte beim **Umgang mit den vorgegebenen Reizwörtern** solltest du zusätzlich beachten.

Alle (D) / ~~Einige (F)~~ Reizwörter müssen in deiner Geschichte sinnvoll verwendet werden. Es ist erforderlich (I) / nicht erforderlich (K), dass sie für die Handlung eine Rolle spielen. In der Einleitung müssen sie schon vorkommen (B) / müssen sie noch nicht vorkommen (A). Die Reihenfolge der Reizwörter darf (M) / darf nicht (C) umgestellt werden. Die Überschrift muss die Reizwörter unbedingt (H) / nicht unbedingt (A) enthalten; sie muss einen echten (N) / muss keinen Bezug (S) zur Geschichte haben. Der Schluss führt wieder in die Wirklichkeit zurück (T) / braucht nicht wieder in die Wirklichkeit zurückzuführen (E).

Lösungswort: D ☐ ☐ ☐ ☐ ☐ ☐

b Vergleiche deine Lösung mit der im Lösungsheft.

c Schreibe die richtigen Regeln nach der Überprüfung in dein Heft, damit du sie dir gut einprägen kannst.

2 Kennst du die Merkmale von **Fantasieerzählungen?** Setze die Begriffe aus dem Wortspeicher ein.

Wortspeicher

Außergewöhnliches logischer
Computer ungewöhnliche Dinge sprechen
Zauberer, Zwerge und geflügelte Pferde
unverständlich
Personen, Ereignisse und Gegenstände

In Fantasieerzählungen geschehen ______________ ______________, die es in Wirklichkeit nicht gibt. Es treten häufig seltsame Wesen auf wie ______________ ______________. Es kann auch sein, dass Tiere oder Gegenstände ______________ können. Aber Vorsicht: Zu viel ______________ macht die Erzählung ______________. Deshalb musst du darauf achten, dass ______________ zueinander passen. So wäre es z. B. seltsam, wenn das geflügelte Pferd einen ______________ ______________ bedienen würde. Außerdem soll das Geschehen in ______________ Reihenfolge ablaufen.

B Ideen sammeln

1 **a** Sammle erste Ideen für deine Erzählung, indem du in deinem „Kopfkino“ einen Film dazu ablaufen lässt.
b Ordne nun deine Ideen. Übertrage dazu die Mindmap in dein Heft und ergänze sie. Die Leitfragen können dir helfen.

> Eine passende Handlung zu den Reizwörtern kannst du mit dem **Kopfkino** finden: Lies die Reizwortkette und schließe dann die Augen. Nun wird in deinem Kopf sofort eine Geschichte ausgelöst, die wie ein Film abläuft – ein richtiges „Kopfkino“!

Meine Fantasieerzählung

- Schlechte Note
  - Jn welchem Fach?
  - Warum?
  - Folge?
- Geflügeltes Pferd
  - Wie sieht es aus?
  - Warum steht es da?
  - Spricht es? Was sagt es?
- Wer erzählt die Geschichte (Jch-Erzähler oder Er-/Sie-Erzähler)?
  -
- Schulhof
  - Wann geschieht es?
  - Wer ist dort?
  - Wo steht das Pferd?
- Was erleben die Beteiligten?
  -
  -
  -

C Den Schreibplan erstellen

1 **a** Überprüfe deine Ideen mit Hilfe des Tippkastens. Streiche die Ideen in deiner Mindmap, die du nicht aufgreifen möchtest, durch.
b Ordne nun die übrig gebliebenen Ideen in den Schreibplan ein. So behältst du den Überblick über deine Fantasieerzählung.

> Deine Fantasieerzählung soll **für deine Leser nachvollziehbar** bleiben. Das gelingt, wenn
> – nicht zu viele Figuren auftreten und diese sich „typisch“ verhalten (z. B. freundliche Elfen),
> – es eine überschaubare Anzahl von Handlungsschritten gibt (ca. drei bis vier),
> – nicht verschiedene fantastische Welten aufeinanderprallen (z. B. Außerirdische und Gespenster).

Einleitung Wo und wann spielt die Geschichte?	vor dem Unterricht,
Wer kommt in deiner Geschichte vor?	geflügeltes Pferd,
Was passiert?	
Hauptteil (Erzählschritte mit Höhepunkt)	1. 2. 3. 4.
Schluss (Abrundung, Rückkehr in die Wirklichkeit)	

D Übungen zum Erzählen

Eine Einleitung schreiben

1 Untersuche die beiden folgenden Einleitungen.

a Überprüfe, ob sie die Antworten auf die W-Fragen geben. Unterstreiche mit einem blauen Stift.

> Die **Einleitung** muss noch nicht alle Reizwörter enthalten. Sie soll aber in die Situation einführen. Beantworte deshalb hier die **W-Fragen** (Wer? Was? Wann? Wo?). Mit einem **Köder** kannst du deine Leser neugierig auf den weiteren Verlauf deiner Fantasiegeschichte machen.

A *Gestern Morgen ging ich nicht gerne in die Schule: Jn der letzten Englischschulaufgabe hatte ich eine Fünf bekommen, und heute wollte mich mein Lehrer über den gleichen Stoff noch einmal abfragen! Jch schleppte mich mit meiner schweren Schultasche über den Pausenhof, wo schon einige meiner Schulfreunde standen. Doch was war das? Auf den Treppen zum Eingang stand ein Pferd, aber kein normales.* ☐

B *Kürzlich habe ich etwas Tolles erlebt. Jch bin früh mit meiner superschweren Schultasche in die Schule gegangen. Da habe ich plötzlich vor dem Eingang etwas ganz Komisches entdeckt, das ich vorher nur in Büchern gesehen hatte. „Was soll das denn?", habe ich mich gefragt.* ☐

b An welchen Stellen wird in den Einleitungen ein Köder ausgelegt? Unterstreiche mit einem roten Stift.

c Eine Einleitung steht nicht in der richtigen Zeitform. Streiche alle unpassenden Zeitformen durch. Achtung: An zwei Stellen ist das Plusquamperfekt richtig verwendet, um auf ein vorzeitiges Geschehen hinzuweisen.

d Damit die Einleitung auch ansprechend wirkt, muss man treffende, aber nicht umgangssprachliche Ausdrücke verwenden. Finde für die folgenden Wendungen passendere:

etwas Tolles ______________________

etwas ganz Komisches ______________________

superschwer ______________________

„Was soll das denn?" ______________________

2 Welche Einleitung ist besser gelungen? Markiere sie mit einem „+", die andere mit einem „–". Überarbeite die weniger gelungene Einleitung mit Hilfe der Ergebnisse aus der Aufgabe 1. Schreibe sie verbessert in dein Heft.

Anschaulich und abwechsungsreich schreiben

3 Was könnte das geflügelte Pferd zur Begrüßung zu dir sagen? Du kannst dich vom Informationstext anregen lassen oder eine eigene Idee ausformulieren. Fülle die Sprechblase auf Seite 7 aus. Wenn du willst, kannst du den Pegasus auch ausmalen.

> Deine Fantasieerzählung wird durch die Verwendung von **wörtlicher Rede** lebendig. Achte beim Ausformulieren auf die richtige Zeichensetzung. Die Regeln dazu stehen in der vorderen Umschlagklappe.

Das geflügelte Pferd wird in der griechischen Sagenwelt auch „Pegasus" genannt. In der Vorstellung der alten Griechen ist Pegasus das Reittier der Dichter. Immer steht es in Zusammenhang mit etwas Positivem, Freundlichem. Astronomen gaben einem Sternbild den Namen „Pegasus".

4 Erzähle von der ersten Begegnung mit Pegasus. Nimm den Wortspeicher zu Hilfe, um das geflügelte Pferd vor den Augen des Lesers entstehen zu lassen. Schreibe in dein Heft.

Auch mit **treffenden Verben, Adjektiven** und **Partizipien** sowie mit **Vergleichen** kannst du anschaulich erzählen.

Wortspeicher

golden wehend gleichen wie Engelshaar glänzend silbrig geschmeidig
schwerelos war so weich wie ... schnaubend wiehern galoppieren tänzeln
(die Ohren) spielen lassen trommeln peitschen rauschen

5 Hier findest du in der linken Spalte langweilig wirkende Sätze aus dem Hauptteil der Reizwortgeschichte.

a Verknüpfe sie mit den Nebensätzen aus der rechten Spalte, sodass Satzgefüge entstehen.

Mit **Satzgefügen** kannst du deine Erzählung abwechslungsreich gestalten und Zusammenhänge deutlich machen.

A Pegasus flog so schnell mit mir zu seinem gläsernen Schloss,	1 den ein purpurrotes Tuch bedeckte.
B Der Ritt war wunderbar,	2 weil die Bäume ganz aus grünem Glas waren.
C Ich entdeckte auf dem Tisch einen Kristall,	3 dass mir beinahe der Atem wegblieb.
D Sofort nahm ich den Edelstein an mich,	4 obwohl ich mich auch etwas beklommen fühlte.
E Im Schlosspark klirrten die Blätter leise im Wind,	5 der in allen Regenbogenfarben glitzerte.
F Im Bach plätscherte kein Wasser,	6 während mein Herz zum Zerspringen klopfte.
G Mitten im Schlosshof stand ein Tisch,	7 da alle Wellen und Tropfen aus hellblauem Glas geformt waren.

b Vergleiche mit der Lösung im Lösungsheft.

c Die Reihenfolge der Erzählschritte, die durch die Sätze in der linken Spalte vorgegeben sind, ist nicht logisch. Schreibe den Text in der richtigen Reihenfolge in dein Heft. Achte dabei auch auf die Kommas.

Auch in einer Fantasieerzählung müssen die **Erzählschritte** schlüssig aufeinanderfolgen, um die Leser nicht zu verwirren.

d Unterstreiche alle Nebensätze in den Satzgefügen, die du in dieser Aufgabe gebildet hast.

6 Fülle die Lücken im Text mit passenden Verknüpfungswörtern, damit die logische Reihenfolge der Ereignisse deutlich wird. Du darfst jedes Wort nur einmal einsetzen. Mehrere Lösungen sind möglich.

Mit **Verknüpfungswörtern** wie *als, nachdem, gleichzeitig* kann man deutlich machen, wie Ereignisse aufeinanderfolgen.

Wortspeicher

vorher sobald nachdem nun sofort
gleichzeitig im nächsten Moment
gleich als jetzt anschließend

__________________ scharrte Pegasus ein paar Mal mit den Hufen und wieherte leise: „Schwing dich __________________ auf meinen Rücken und halte dich an meiner Mähne fest!“ __________________ ich seine Anweisungen befolgt hatte, ging es auch schon los: Das Pferd trabte __________________ kräftig an, __________________ schlugen seine Flügel schwungvoll auf und ab und __________________ schwang es sich in die Luft!

Einen Schluss schreiben

7 Hier siehst du zwei Beispiele für den Schluss.

a Untersuche sie mit Hilfe der Fehlerliste und kreuze die deiner Meinung nach zutreffenden Kritikpunkte an:

A ☐ 1 ☐ 2 ☐ 3 ☐ 4 ☐ 5
B ☐ 1 ☐ 2 ☐ 3 ☐ 4 ☐ 5

Der **Schluss** soll den Leser deiner Fantasiegeschichte nach dem Höhepunkt zügig in die Wirklichkeit zurückbringen. Du rundest damit die Geschichte ab und führst sie zu einem guten Ende. Dabei kannst du auf den Anfang der Geschichte zurückgreifen oder aber auch noch Fragen offenlassen.

Fehlerliste:
1 Hier wird ein weiterer Höhepunkt vorbereitet.
2 Die Geschichte bricht einfach ab.
3 Es erfolgt keine Rückkehr in die Realität.
4 Es wird die direkte Rede verwendet.
5 Die Zeitform ist nicht immer das Präteritum.

A *Das geflügelte Pferd brachte mich zur Schule zurück und setzte mich an den Stufen zum Eingang ab. Jch drehte mich zu meinen Schulfreunden um, die winkend auf uns zugelaufen kamen. „Machst du neuerdings Werbung für eine Fluglinie?“ Mein Freund Felix wollte sich gleich auf Pegasus' Rücken schwingen. „Das darfst du nicht einfach so tun!“, sagte ich ärgerlich. Felix fragte: „Warum nicht?“ „Du musst warten“, erklärte ich ihm, „bis Pegasus dich dazu einlädt. Er kann nämlich sprechen!“* ☐

B *An den Stufen des Schulgebäudes angekommen hat Pegasus mich sanft abgesetzt. Jch schaute mich nach meinen Schulfreunden um, die mich jedoch nicht beachtet haben. Sie konnten das geflügelte Pferd wahrscheinlich gar nicht sehen! Als ich mich nach ihm umdrehte, hat es mir auffordernd zugenickt. Dann wurde es von einem Nebel verschluckt und verschwand. Jch fühlte nach dem Kristall in meiner Jackentasche und bin mir sicher gewesen: Dank Pegasus bekomme ich eine Eins in Englisch!* ☐

b Kontrolliere dein Ergebnis im Lösungsheft. Schreibe dann eine Verbesserung für den Schluss B in dein Heft.

Eine Überschrift finden

8 Nun fehlt der Fantasieerzählung noch eine geeignete Überschrift.

a Beurteile die Beispiele mit Hilfe des Tippkastens: Welche Merkmale einer guten Überschrift für eine Fantasieerzählung erfüllen sie? Kreuze an.

Aufregung vor dem Unterricht	☐ A	☐ B	☐ C	☐ D	☐ E
Ein gefährlicher Ritt	☐ A	☐ B	☐ C	☐ D	☐ E
Der Besuch im Kristallschloss mit einem geflügelten Pferd	☐ A	☐ B	☐ C	☐ D	☐ E
Nie wieder schlechte Noten	☐ A	☐ B	☐ C	☐ D	☐ E

Die **Überschrift** einer Fantasieerzählung soll:
A nicht zu viel verraten.
B keine Kurzfassung des Inhalts sein.
C neugierig machen.
D nicht langweilig sein.
E treffend sein.

b Finde selbst geeignete Überschriften.

E Den eigenen Text verfassen und überarbeiten

1 Schreibe nun eine vollständige Fantasieerzählung zu der Reizwortkette „schlechte Note – geflügeltes Pferd – Schulhof“. Du kannst dabei auf deine Ergebnisse aus Abschnitt D (S. 6–9) zurückgreifen oder einen ganz eigenen Aufsatz schreiben.

2 Überprüfe anhand der Checkliste, ob du auch ohne Pegasus-Kristall für deine Fantasieerzählung eine gute Note bekommen würdest. Überarbeite gegebenenfalls Stellen, die noch nicht gelungen sind.

Checkliste

Ja	Nein	
☐	☐	Hast du eine **treffende Überschrift** gewählt, die neugierig auf den Text macht?
☐	☐	Informiert deine **Einleitung** über die Hauptpersonen, die Zeit und den Ort?
☐	☐	Ist dein **Hauptteil spannend und anschaulich** erzählt und enthält er Folgendes? – wörtliche Rede – ausdrucksstarke Verben – treffende Adjektive – die Beschreibung von Gedanken, Gefühlen und Sinneseindrücken – abwechslungsreiche Satzanfänge
☐	☐	Hat deine Geschichte einen **Höhepunkt?**
☐	☐	Führt der **Schluss** in die Wirklichkeit zurück?
☐	☐	Hast du alle **Reizwörter** aufgegriffen?
☐	☐	Spielen sie für deine Geschichte eine wichtige Rolle?
☐	☐	Ist deine **Geschichte** – trotz aller Fantasie – **logisch aufgebaut** (Reihenfolge der Ereignisse)?
☐	☐	Steht deine Geschichte im **Präteritum?**
☐	☐	Sind die **Rechtschreibung** und die **Zeichensetzung** korrekt?

Wenn du zur Übung oder zum Vergnügen noch eine weitere Fantasieerzählung schreiben willst, kannst du z. B. von folgendem Schreibimpuls ausgehen: „Stell dir vor, du fährst mit dem Aufzug in den 6. Stock, aber er hält dort nicht an!“ Im Lösungsheft findest du einen Schüleraufsatz zu diesem Thema.

2 Wie war das denn genau? – Sachlich berichten

Hier siehst du eine mögliche Aufgabenstellung für eine Schulaufgabe. Lies sie aufmerksam durch, beginne aber noch nicht gleich zu schreiben, sondern bearbeite erst die Aufgaben und Übungen auf den Seiten 11 bis 15.

Schulaufgabe

Mehrere Schülerinnen und Schüler haben einen Unfall beobachtet.
Lies dir folgende Zeugenaussagen genau durch und entnimm alle Informationen, die für einen Bericht wichtig sind. Schreibe dann zu dem Unfall einen genauen und sachlichen Bericht für den Schulleiter.

Nico: Das ist doch nicht zu glauben! Da gibt es extra einen Zebrastreifen vor unserer Paul-Winter-Realschule in Neuburg, damit alle sicher über die Straße kommen, und dann hält sich keiner dran! Der Timo ist mit seinem Fahrrad einfach darübergerauscht. Der fährt immer so bescheuert! Ich hab den schon öfter beobachtet, wie er, ohne zu schauen, über Zebrastreifen rast. Freilich wollte er dann noch ausweichen, aber da war's schon zu spät. Er ist ihr in die Seite gefahren.

Anja: Am Montagmorgen treffen Saskia und ich uns immer früher, seitdem wir in der 6. Klasse sind, weil wir noch erzählen wollen, was am Wochenende alles los war. Am Montag, dem 27. September 2010, war das auch so. Wir kicherten und trödelten die ganze Zeit auf dem Weg, bis wir endlich um halb 8 über die Straße zur Schule hinübergehen wollten. Saskia lief zuerst los und schon tat es einen Krach. Timo! Dieser Raser kam mit dem Fahrrad dahergestochen, versuchte noch auszuweichen, aber schon krachte es! Peng! Und Saskia fiel zu Boden.

Lukas: Nicht einmal ins Krankenhaus wurden sie gebracht; der Schulsanitätsdienst ist sofort gekommen und konnte alles verbinden. Trotzdem schlimm! Aber der Timo wird noch länger an den Unfall denken: Er muss nämlich noch einmal zum Verkehrsunterricht, damit er endlich kapiert, dass auch für ihn der Zebrastreifen gilt. Das gönn ich ihm! Nicht einmal entschuldigt hat er sich! Aber die Saskia tut mir leid: Die kann doch nichts dafür. Selber schuld, dass sie ihn nicht angezeigt hat, ich hätte mir das überlegt, bei dem Flegel!

Maria: Bin ich vielleicht erschrocken, oh Mann! „Aus der Bahn!", brüllte Timo und schon fiel er vom Fahrrad. Saskia riss erschrocken die Augen auf und schon lag sie da. Wir sind gleich hingelaufen. Zum Glück sah es schlimmer aus, als es dann tatsächlich war: Saskia hat sich die Hände aufgeschürft und ein paar blaue Flecken und Timo hatte eine kleine Schürfwunde am Knie. Gebrochen war aber nichts. Die sind gleich wieder aufgestanden. Und am Fahrrad und auch sonst war nichts kaputt.

A Was wird von dir verlangt?

1 Welche Art von Bericht sollst du hier schreiben? Kreuze die richtige Lösung an. Ich schreibe einen ...

- [ ] ... Bericht für die Schülerzeitung.
- [ ] ... Bericht für den Schulleiter.

2 Kreuze an, was du beim Schreiben deines Berichtes berücksichtigen musst:

- [ ] spannend erzählen, was jemand erlebt hat
- [ ] den Verlauf des Ereignisses logisch darstellen
- [ ] alle wichtigen Informationen aufführen
- [ ] Timos Verhalten bewerten
- [ ] genaue Angaben zum Unfallort liefern
- [ ] sachlich schreiben
- [ ] die Gefühle der Beteiligten wiedergeben
- [ ] auch über die Folgen des Unfalls berichten

B Wichtige Informationen herausfinden

1 In den Zeugenaussagen auf Seite 10 werden alle W-Fragen beantwortet.

a Finde zuerst die Antworten auf die wichtigsten Fragen und unterstreiche sie in den Sprechblasen.

b Füge nun die richtigen Antworten stichpunktartig in die Tabelle ein.

Wer (war beteiligt am Unfall)?	
Wann (ist der Unfall passiert)?	
Wo (ist der Unfall passiert)?	
Was (ist überhaupt passiert)?	

Nur wenn man weiß, **wie und warum** es zu dem Unfall kam, kann festgestellt werden, wer z. B. den entstandenen Schaden bezahlen muss oder wie zukünftige Unfälle vermieden werden können. Deshalb musst du im Bericht z. B. folgende Fragen zum **Unfallhergang** beantworten:

- Wieso treffen die Beteiligten aufeinander?
- Hat jemand eine Regel missachtet? Hat er z. B. ein Verkehrszeichen übersehen?
- Hat sich jemand falsch verhalten? Ist er z. B. zu schnell gefahren oder hat er einen Streit mit Gewalt gelöst?

2 Die Schülerinnen und Schüler, die den Unfall beobachtet haben, machen Angaben dazu, wie es zu dem Unfall kam und wie er sich im Einzelnen ereignet hat. Trage die Informationen in Stichpunkten in die folgende Tabelle ein.

Warum hat Timo am Zebrastreifen nicht gehalten?	
Mit welchem Tempo fuhr Timo?	
Was wollte Saskia in dem Moment, in dem Timo mit ihr zusammenstieß, tun?	
Wie lief der Zusammenstoß genau ab?	

3 Die Zeugen geben auch Informationen darüber, wie es den Beteiligten nach dem Unfall geht und ob er Folgen für sie hat.

a Ergänze die Angaben stichpunktartig in der Tabelle.

Folgen für Saskia:	Verletzungen: ______
Folgen für Timo:	Verletzungen: ______
	Verkehrserziehung: ______

b Folgende Informationen interessieren den Schulleiter zusätzlich:

Entstandene Kosten:	______
Wird Anzeige erstattet:	______

C Einen Schreibplan erstellen

1 **a** Ordne nun die einzelnen Fragen den jeweiligen Teilen eines Berichtes zu. Verbinde mit Linien.

1 Wie ist es passiert (Unfallhergang)?	
2 Welche Folgen hat der Unfall für die Beteiligten?	A Einleitung
3 Die wichtigsten W-Fragen (Wer? Wann? Wo? Was?)	B Hauptteil
4 Warum ist der Unfall passiert?	C Schluss
5 Welche weiteren Folgen hatte der Unfall (z. B. Kosten)?	

b Überlege, welche Informationen du in welchem Teil deines Berichtes für den Schulleiter bringen musst. Markiere dann in deinen Lösungen zu Teil B (S. 11 f.) zur Einleitung Gehörendes rot, zum Hauptteil Gehörendes gelb und zum Schluss Gehörendes grün.

D Übungen

1 Die folgenden Sätze sind an den unterstrichenen Stellen zum Teil umgangssprachlich formuliert, außerdem enthalten sie Bewertungen. Verbessere die Sätze, indem du Unwichtiges und Wertendes weglässt. Formuliere sachlich und korrekt.

> Ein Bericht soll schnell und klar informieren. Verwende deshalb eine **sachliche Sprache** und berichte **nur** über **Tatsachen**. Vermutungen oder Bewertungen gehören in der Regel nicht in einen Bericht.

A Timo fuhr auf seinem Radl wie ein Verrückter zur Schule.

Fahrrad viel zu schnell

______

B Am Zebrastreifen schaute (achtete) er nicht links und nicht rechts, sondern bretterte einfach drüber.

weder nach links raste darüber hinweg

und rechts / gar nicht

auf den Verkehr

C Zur gleichen Zeit betrat Saskia den Zebrastreifen ~~und~~ natürlich stießen sie zusammen, das musste ja so kommen.

, weswegen sie zusammenstießen.

D Timo fuhr Saskia, ~~die immer so zimperlich ist,~~ übern Haufen, sodass sie stürzte.

unsachlich und an

nicht wichtig

2 Setze die folgenden Verben ins Präteritum.

> Im Bericht schreibst du über etwas, das vergangen ist. Deshalb verwendest du in der Regel als Zeitform das **Präteritum.** So bildest du es:
> - Wortstamm mit der Endung *-te,* z. B. *sagen → sag-te*
> - Wortstamm mit verändertem Stammvokal, z. B. *sehen → sah*
> - Wortstamm mit verändertem Stammvokal und Endsilbe *-te,* z. B. *rennen → rann-te*

übersieht ______

befragt ______

liegt ______

beobachtet ______

läuft ______ findet ______

hilft ______ erfährt ______

> Manchmal musst du von einem Ereignis berichten, das sich vor einem anderen abgespielt hat **(Vorzeitigkeit).** Im Bericht verwendest du die dritte Vergangenheit **(Plusquamperfekt)** für die Darstellung des vorzeitigen (ersten) Ereignisses.
>
> Beispiel: Erstes Ereignis: Saskia stürzt zu Boden. Zweites Ereignis: Sie bleibt regungslos liegen.
>
> Plusquamperfekt: *Nachdem Saskia auf den Boden gestürzt war,* → Präteritum: *blieb sie regungslos liegen.*
>
> Signalwörter für die Vorzeitigkeit sind z. B. *nachdem* und *bevor.*

3 Überlege, wie die Ereignisse in den Sätzen aufeinanderfolgen und setze die richtigen Tempusformen ein.

A Nachdem der Unfall ______ (passieren),

______ (holen) dabeistehende Schüler den Schulsanitätsdienst.

B Bevor die Schulsanitäter ______ (kommen), ______

einige Schüler bereits zu helfen ______ (versuchen).

C Alle ______ (gehen) in den Unterricht, nachdem sämtliche Fragen

______ (klären).

4 In diesem Anfang des Schadensberichts eines Klassensprechers musst du noch einige Lücken füllen. Setze die in Klammern angegebenen Verben in die richtige Zeitform und trage sie ein.

Schadensbericht

Am 06.10.2010 ____________ (stattfinden) in einer Zwischenpause zwischen zwei Schülern der Ickstadt-Realschule in Ingolstadt eine Prügelei ____________.

Dabei ____________ (kommen) es zu einer Sachbeschädigung.

Wie immer montags ____________ (haben) wir in der dritten Stunde im Klassenzimmer der 6A, Raum 2.12, Mathematik bei Herrn Lange. In dieser Stunde ____________ (vermissen) Johannes sein Heft. Nachdem der Lehrer die Unterrichtsstunde um 10 Uhr ____________ ____________ (beenden), ____________ (verlassen) er den Klassenraum.

Bevor die nächste Lehrkraft ____________ (erscheinen), ____________ Johannes schon auf Tobias ____________ (losgehen), weil er ____________ (glauben), dass dieser sein Heft ____________ (verstecken).

5 **a** Ordne die Verknüpfungswörter und Wendungen in die Mindmap ein. Achtung: Ein Wort kannst du zwei Mal einordnen.

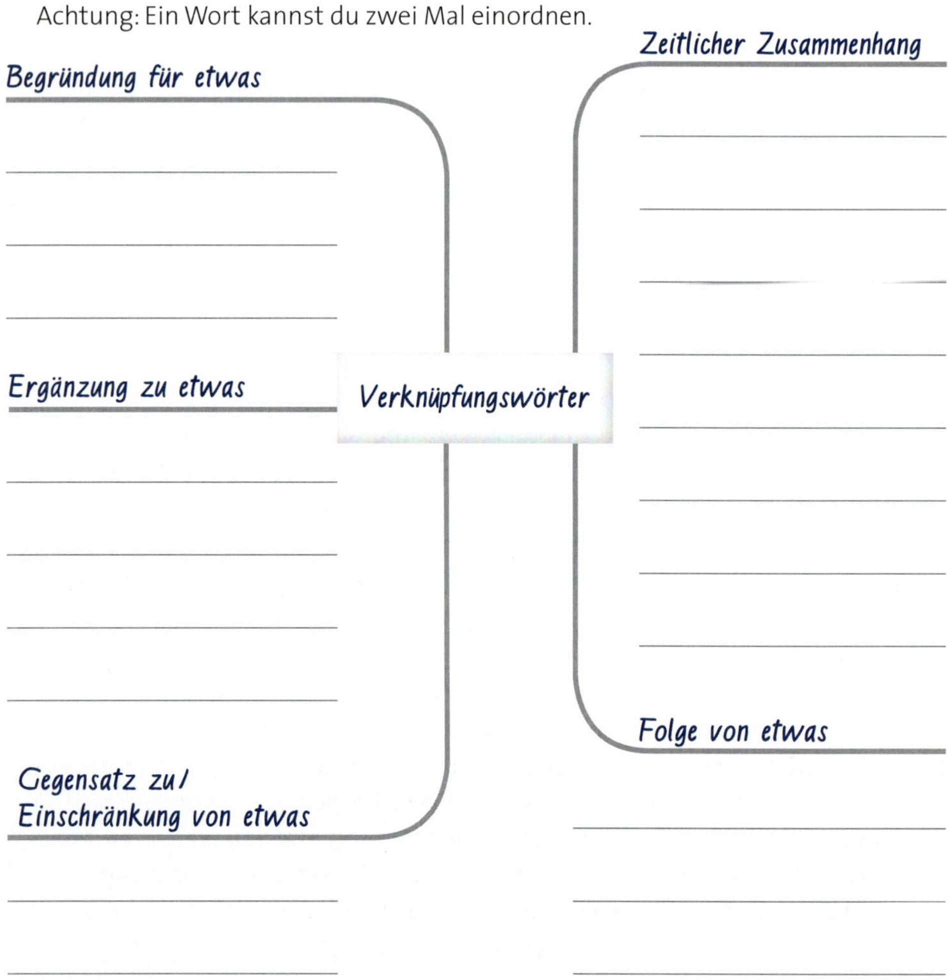

Durch **Verknüpfungswörter** kannst du Zusammenhänge deutlich machen.

Wortspeicher

zudem
weil also
schließlich
außerdem
deshalb
während
daher
folglich
denn
sofort
dadurch
anschließend
demnach
in der Folge
als später
obwohl
sondern
aber zuletzt
zuerst nach

b Setze im folgenden Teil des Berichtes an der passenden Stelle Verknüpfungswörter und Wendungen aus dem Wortspeicher auf Seite 14 ein.

____________________ konnte Tobias sich befreien und um einen Tisch herumlaufen.

____________________ Johannes hinterherrannte, wollten mehrere Schüler diesen festhalten.

____________________ trat er wild um sich, traf Tobias, der gegen einen Stuhl flog und diesen gegen die Wand schleuderte. ____________________ entstand in der Wand ein Loch.

6 Aktiv oder Passiv? Setze in den Schluss des Berichtes die richtigen Verbformen ein.

Erst später stellte sich heraus, dass Tobias das Heft gar nicht genommen hatte: Es ____________________ in Johannes' Schultasche ____________________ (finden). Nach dem Unterricht ____________________ Johannes zum Direktor ____________________ (rufen) und er erhielt einen Verweis. Schließlich ____________________ seine Eltern für die Kosten ____________________ (aufkommen müssen), nachdem der Schaden ____________________ ____________________ (beheben).

Beim Berichten ist es oft wichtig wiederzugeben, **wer etwas getan hat,** z. B. einen Schaden erlitten oder verursacht hat. Das drückt man mit dem **Aktiv** aus. An anderen Stellen kommt es nur darauf an, von einem **Vorgang** zu berichten. Dann kann man das **Passiv** verwenden.

E Den eigenen Text verfassen und überarbeiten

1 **a** Schreibe nun den vollständigen Bericht in dein Heft.
b Kontrolliere abschließend den Bericht. Überarbeite noch nicht gelungene Textstellen.

Checkliste

Ja	Nein		Woran kann ich das erkennen?
☐	☐	**1** Die **Einleitung** enthält die Antworten auf die Fragen: Wer? Wo? Was? Wann?	Unterstreiche die Antworten auf die vier Fragen in deiner Einleitung.
☐	☐	**2** Im **Hauptteil** ist der Unfallhergang in der richtigen Reihenfolge wiedergegeben.	Die wesentlichen Ereignisse werden in der zeitlichen Reihenfolge benannt, in der sie sich abgespielt haben. Es gibt keine zeitlichen Sprünge.
☐	☐	**3** Im **Schluss** gehst du auf die Folgen des Unfalls ein.	Unterstreiche die entsprechenden Angaben in deinem Bericht.
☐	☐	**4** Der Bericht ist **sachlich formuliert** und enthält keine Umgangssprache.	Überprüfe, dass du nie so geschrieben hast, wie du mit einem Freund sprichst.
☐	☐	**5** Der Bericht enthält keine Vermutungen und Wertungen.	Der Bericht soll nur Tatsachen enthalten. Was jemand dazu denkt oder fühlt, ist für deinen Bericht unwichtig.
☐	☐	**6** Der Bericht steht in der richtigen Zeitform (meist im Präteritum).	Markiere alle Prädikate in deinem Text und überprüfe, ob du die richtige Tempusform verwendet hast.
☐	☐	**7** Durch Verknüpfungswörter hast du die Sätze so miteinander verbunden, dass Zusammenhänge deutlich werden.	Markiere die Verknüpfungswörter und überprüfe sie: Sollen sie einen zeitlichen Zusammenhang, eine Begründung, eine Folge oder eine Einschränkung zum Ausdruck bringen?

3 Die Schulbibliothek verschönern – Einen sachlichen Brief schreiben

Hier siehst du eine mögliche Aufgabenstellung für eine Schulaufgabe. Lies sie aufmerksam durch, beginne aber noch nicht gleich zu schreiben, sondern bearbeite erst die Aufgaben und Übungen auf den Seiten 16 bis 21.

Schulaufgabe

Die Aktionsgruppe „Lebendige Schülerbücherei“ der Turmuhr-Realschule in Schreibstadt möchte, dass wieder mehr Schüler die heruntergekommene Bibliothek nutzen. Deshalb will die Aktionsgruppe die Bücherei neu gestalten. Jetzt gilt es, die Schulleiterin, Frau Wagenmüller, von dem Vorhaben zu überzeugen.

Im Namen der Aktionsgruppe schreibst du einen Brief an die Rektorin, in dem du euren Wunsch vorträgst und begründest.

A Was wird von dir verlangt?

1 Auch wenn der Grund für deinen sachlichen Brief jedes Mal ein anderer sein kann, gibt es dennoch bestimmte Vorgaben, die du einhalten musst. Kreuze das Zutreffende an.
Beim Schreiben eines sachlichen Briefes musst du ...

- ☐ ... die Höflichkeitsanrede „Sie“ verwenden.
- ☐ ... Tatsachen und Fakten knapp und sachlich darlegen.
- ☐ ... höflich und respektvoll schreiben, nicht zu fordernd.
- ☐ ... deinen Gefühlen freien Lauf lassen.
- ☐ ... Spannung aufbauen, damit dein Brief unterhaltsam wird.
- ☐ ... den Empfänger von deinem Anliegen überzeugen.
- ☐ ... einen klaren inhaltlichen Aufbau beachten.
- ☐ ... eine passende Anrede und Schlussformel finden.
- ☐ ... eine knappe, informative Betreffzeile formulieren.
- ☐ ... Regeln zur äußeren Form beachten.
- ☐ ... möglichst umgangssprachlich formulieren.
- ☐ ... das Anliegen erst ganz am Schluss benennen, um den Empfänger nicht gleich zu verschrecken.

2 Lies dir die Aufgabenstellung noch einmal genau durch. Kreuze dann die passenden Aussagen an.

- ☐ Die Aktionsgruppe will eine völlig neue Schülerbücherei einrichten.
- ☐ Du willst die Stadtbücherei neu gestalten.
- ☐ Die Aktionsgruppe will die alte Schülerbücherei neu gestalten.
- ☐ Die Schulleiterin soll darüber informiert werden, dass die Aktionsgruppe mit dem Vorhaben beginnt.
- ☐ Die Schulleiterin soll die Erlaubnis für das Vorhaben der Aktionsgruppe geben und muss daher überzeugt werden.

B Ideen für den Brief entwickeln

1 Sammle Ideen für deinen Brief. Übertrage dazu die Mindmap in dein Heft.

a Betrachte die Abbildung auf Seite 16 ganz genau. Was sollte geändert oder ersetzt werden, damit die Bibliothek wieder attraktiv wird? Schreibe auf die dicken Äste der Mindmap.

b Warum sollten diese Dinge geändert werden? Überlege dir zu jedem Eintrag eine Begründung. Trage sie in die Mindmap ein.

Um den Adressaten (Empfänger) von einem Vorschlag zu **überzeugen,** musst du gute Gründe anführen.

Regale nicht stabil

Verletzungsgefahr

Gute Gründe für die Erneuerung

C Einen Schreibplan erstellen

1 In den Kästchen links werden die Teile eines sachlichen Briefes beschrieben. Verbinde die jeweils passende Erklärung mit dem entsprechenden Kästchen rechts.

Damit dein Schreiben für den Empfänger gut zu verstehen ist und überzeugend wirkt, musst du beim **inhaltlichen Aufbau** eines sachlichen Briefes einige Punkte beachten.

A In diesem Teil deines Briefes begründest du deinen Wunsch/dein Anliegen, sodass für den Empfänger deutlich wird, weshalb er diesem nachkommen sollte.

B In diesem Teil fasst du deinen Wunsch noch einmal in ein bis zwei Sätzen zusammen. Du kannst auch um Antwort bitten oder dich für das Verständnis, das der Empfänger für dein Anliegen aufbringt, bedanken.

C Hier benennst du dein Anliegen kurz und knapp, sodass der Empfänger weiß, worum es dir geht.

1 Einleitung

2 Hauptteil

3 Schluss

2 Es ist sinnvoll, sich vor dem Ausformulieren des Briefes einen Schreibplan mit den wichtigsten Stichpunkten zur inhaltlichen Gestaltung anzulegen.

a Markiere in der Mindmap mindestens drei Vorschläge für die Renovierung, die du in deinen Brief aufnehmen möchtest.

b Übertrage die Vorschläge mit ihren Begründungen in den Schreibplan. Notiere auch, was du in Einleitung und Schluss bringen willst.

Schreibplan für den Brief der Aktionsgruppe an die Schulleitung

Einleitung ______________________________

Ziel der Aktion: Mehr Schüler sollen die Bibliothek nutzen.

Hauptteil ______________________________

____

____

Schluss ______________________________

____

3 **a** Bestimme, um welche Bausteine eines Briefes es sich bei folgenden Beispielen handelt. Trage die entsprechenden Ziffern ein.
b Jeweils eines der Beispiele ist unpassend. Streiche es durch.

Auch beim **äußeren Aufbau** deines Briefes gibt es einige Regeln, die du einhalten musst, damit dein Schreiben den Empfänger überzeugen kann.

Wir wollen die Schülerbücherei umgestalten. / Anfrage wegen der Neugestaltung der Schülerbücherei ☐

1 Absender
2 Ort, Datum
3 Empfänger
4 Betreff
5 Anrede,
Einleitung
Hauptteil
Schlussteil
6 Grußformel
7 *Unterschrift*

Turmuhr-Realschule
Frau Wagenmüller
Buchstraße 42
90000 Schreibstadt
☐
Turmuhr-Realschule
90000 Schreibstadt

Lulu „Cooli“ Letter
Schulstraße 21
90000 Schreibstadt
☐
Luis Letter
Schulstraße 21
90000 Schreibstadt

Sehr geehrte Frau Wagenmüller, / Hallo Frau Schulleitung ☐

Luis Letter / Luis ☐

Mfg ☐ Mit freundlichen Grüßen

Schreibstadt 10.06.20XX ☐ Schreibstadt, 10.06.20XX

D Übungen

Die **Betreffzeile** dient dazu, den Empfänger möglichst schnell und genau über dein Anliegen zu informieren. Deshalb wird stichpunktartig (keine ganzen Sätze), knapp und dennoch präzise zusammengefasst, worum es im Brief geht. Oft klingt es sachlicher und genauer, wenn du Verben in Nomen umwandelst. In der Betreffzeile kommen häufig Präpositionen wie *wegen, um, über* oder Wortgruppen im Genitiv vor. Der Punkt als Satzschlusszeichen fällt bei stichpunktartiger Formulierung weg.
Beispiel: ~~*Wir möchten uns bei der Schulleitung*~~ *über den schlechten Zustand der Schülerbücherei beschweren.* →
Beschwerde wegen des schlechten Zustands der Schülerbücherei

1 Die Aktionsgruppe von Luis hat mehrere Anliegen. Formuliere zu den folgenden Sachverhalten jeweils einen passenden Betreff. Schreibe in dein Heft.

A Die Aktionsgruppe möchte den Förderverein der Realschule Schreibstadt um eine Buchgeldspende bitten.

B Luis lädt die Autorin Gabriele Beyerlein zu einer Autogrammstunde in die Schule ein.

C Laura schlägt einer Lehrkraft am benachbarten Gymnasium vor, eine Buchpatenschaft zu übernehmen.

D Luis will eine umfangreiche Buchreihe zum Thema „Jungsteinzeit“ bei der Buchhandlung in Schreibstadt bestellen.

E Die Aktionsgruppe fragt bei der Schulleitung an, ob E-Books für die Schülerlesebibliothek angeschafft werden dürfen.

Beachte die **Großschreibung der Anredepronomen** *Sie, Ihnen, Ihr, Ihren.* Diese so genannte Höflichkeitsanrede vermeidet auch Verwechslungen mit anderen Personalpronomen, z. B.:

Sehr geehrter Herr Sprosser,
die Teammitglieder bitten Sie um eine Grünpflanze, die **Sie** *(= Herr Sprosser)* / **sie** *(= die Teammitglieder) nicht verkaufen können.*

2 Hier siehst du einen Auszug eines Briefes der Aktionsgruppe an einen Blumenhändler. Setze die fehlenden Anfangsbuchstaben in der richtigen Schreibung ein.

Zurzeit stehen in unserer Bibliothek verwelkte Pflanzen. Aber nur lebendige Grünpflanzen lassen einen solchen Ort einladend wirken. Vielleicht haben __ie in __hrer Gärtnerei Pflanzen, die sich nur schlecht verkaufen lassen, weil __ie ungleichmäßig gewachsen oder schon verblüht sind. Als kleine Gegenleistung für __hre Spende würden die Mitglieder unseres Aktionsteams einen Tag in __hrem Betrieb aushelfen, wenn __ie das möchten.

Sicher können __ie unser Anliegen verstehen, da __ie ja über die Stadtgrenzen hinaus für __hren „grünen Daumen" bekannt sind. Helfen __ie bitte auch uns, unsere Schulbibliothek neu erblühen zu lassen.

3 Die Aktionsgruppe will auch einen Brief an den Elternbeirat schreiben, denn sie hat Aktionswochen zum Thema „Steinzeit" geplant.

a Bewerte die folgenden **Einleitungen** zu einem solchen Brief mit Hilfe der Kritikpunkte aus dem Materialspeicher. Schreibe die entsprechenden Buchstaben in die Kästchen.

1 *Sehr geehrte Damen und Herren,*
meine Aktionsgruppe und ich haben lange überlegt, wie wir wieder Leben in unsere verstaubte Bibliothek in der Schule bringen können. Die geniale Idee kam uns, nachdem ein Klassenkamerad Materialien für sein Referat zum Thema „Steinzeit" bei uns in der Bibliothek suchte und gleich wieder verschwand, weil das aktuellste Buch zum Thema, das wir haben, schon älter als 35 Jahre ist, also älter als meine Mutter. Wir brauchen aktuelle Bücher zur Steinzeit – und da ist uns der Elternbeirat eingefallen. Einbände wären auch nicht schlecht.
Bitte helfen Sie uns! ☐

2 *Sehr geehrte Damen und Herren des Elternbeirats,*
die Aktionsgruppe „Lebendige Schülerbücherei" hat vor Kurzem beschlossen, zur Belebung der Bibliothek Aktionswochen zum Thema „Steinzeit" anzubieten. Auf Grund der recht spärlichen Bestände an Büchern zu diesem Thema wollen wir Sie um eine Buchspende und um passende Schutzhüllen für die Bücher bitten. ☐

3 *Sehr geehrte Damen und Herren,*
wir wollen eine Buchspende! ☐

4 *Liebe Eltern, bitte, bitte helft uns!*
Wir haben keine Bücher!
Das ist eine Katastrophe! ☐

Materialspeicher

A viele Nebensächlichkeiten / Unwichtiges B unsachlich
C zu fordernd D unhöflich E Anliegen unklar

b Einer Einleitung konntest du keine Kritikpunkte zuordnen. Erläutere, was an ihr gelungen ist.

Einleitung ___ ist gelungen, denn ______________________________

____

____

4 **a** Ordne den Bitten die jeweils passende Begründung zu, indem du Zusammengehöriges miteinander verbindest.
b Kontrolliere mit Hilfe des Lösungsteils, ob deine Zuordnung richtig ist.

Dein Brief wirkt dann überzeugend, wenn du es schaffst, deinen Vorschlägen oder Wünschen jeweils eine passende Begründung zuzuordnen, sodass sich ein **logischer Zusammenhang** ergibt.

Wünsche der Aktionsgruppe an den Elternbeirat:	Passende Begründung:
A aktuelle Bücher zum Thema „Steinzeit"	1 Bücherei soll steinzeitlich dekoriert werden
B Einbände/Schutzhüllen für Bücher	2 Informationen in unseren alten Büchern sind zum Teil nicht mehr richtig
C kleine Geldspende an die Aktionsgruppe	3 Bücher bleiben länger ansehnlich

c Verknüpfe nun die Wünsche und die Begründungen aus Aufgabe 4 a auch sprachlich miteinander: Bilde **Satzgefüge.** Denke an das Komma zwischen Haupt- und Nebensatz. Verwende jede der Anregungen aus dem Wortspeicher nur ein Mal. Schreibe in dein Heft.

Wortspeicher

dankbar sind wir auch
sinnvoll wären darüber hinaus
wir würden uns freuen über
da weil damit

Beispiel:
Für die Bibliothek benötigen wir aktuelle Bücher zum Thema „Steinzeit", weil die Jnformationen in unseren alten Büchern zum Teil nicht mehr richtig sind. (HS, NS)

5 **a** Lies dir den **Schluss** des Schreibens an den Elternbeirat durch und formuliere einen kurzen Merksatz dazu, wie der Schlussteil eines sachlichen Briefes inhaltlich gestaltet werden sollte.

Die genannten Gründe zeigen Jhnen, wie wichtig es für uns wäre, dass Sie neue Bücher zum Thema „Steinzeit" sowie Schutzhüllen für die Bücher der Bibliothek finanzieren und unsere Aktionswochen durch eine kleine Geldspende unterstützen. Bitte überdenken Sie unser Anliegen und helfen Sie uns, die Schülerbibliothek interessanter zu machen.

Ein gelungener Schluss für einen sachlichen Brief umfasst ca. __________ Sätze. Er fasst ______________

______________ noch einmal zusammen. Hier kann man ______________

auch direkt ansprechen.

b Kontrolliere mit Hilfe des Lösungsteils, ob dein Merksatz korrekt ist.
c Formuliere einen Schluss für deinen Brief an Frau Wagenmüller.

6 Die unterstrichenen Stellen im Brief auf Seite 21 sind unsachlich.
a Suche im Wortspeicher jeweils eine sachliche Entsprechung. Notiere die entsprechende Nummer in die Kästchen.
b Schreibe dann eine überarbeitete Fassung des Briefes in dein Heft.

Der Empfänger deines Briefes möchte schnell informiert werden. Formuliere daher knapp und sachlich.

VORSICHT FEHLER!

Regensburg, 10.06.20XX

Sehr geehrter Herr Brummer,

wir besuchen in den Pausen regelmäßig die Bücherei unserer Schule und finden es blöd ☐, dass es dort derart laut ist. Wir würden Ihnen gerne einmal mitteilen, wie es besser laufen könnte ☐.

Leider nutzen einige Schüler die Bibliothek eher als Spielplatz, spielen Fangen oder Verstecken zwischen den Regalen oder führen laute Unterhaltungen, sodass es nicht möglich ist, konzentriert zu lesen. Wir haben schon mehrmals ärgerlich gesagt: „Macht nicht so viel Lärm und nehmt mehr Rücksicht!“ Leider hat das aber überhaupt nichts geholfen ☐. Sicherlich können Sie unser Anliegen verstehen. Wir würden es daher toll finden, wenn ☐ Sie einen Aufsichtsdienst einteilten, der für Ruhe sorgt.

Wir wären überglücklich und hocherfreut ☐, wenn Sie dafür sorgen könnten, dass die Schulbibliothek wieder ein Ort wird, an dem man ohne Lärmbelästigung in die Bücherwelt eintauchen kann.

Wir bedanken uns bereits jetzt tausendmal ☐ für Ihr Verständnis.

Mit freundlichen Grüßen

Lilly Buchner und Claudia Seitler

Wortspeicher

1 Unsere Bitten um mehr Ruhe waren leider erfolglos. 2 Vielen Dank im Voraus für ... / Wir bedanken uns für ... 3 ... finden es störend/unangenehm ... 4 Hiermit möchten wir Ihnen einige Verbesserungsvorschläge aufzeigen. 5 Wir würden uns freuen, wenn ... 6 Es wäre sicher vorteilhaft, wenn ...

E Den eigenen Text verfassen und überarbeiten

1 Schreibe nun den kompletten Brief an die Direktorin in dein Heft, in dem du im Namen der Aktionsgruppe „Lebendige Schülerbücherei“ um Erlaubnis für die Neugestaltung der Schulbibliothek bittest.

Denke daran, zwischen den einzelnen Bausteinen jeweils eine **Zeile frei** zu lassen.

2 Überarbeite deinen Brief mit Hilfe der folgenden Checkliste.

Checkliste

Ja	Nein	
☐	☐	Du hast alle Bausteine für den richtigen **äußeren Aufbau** beachtet: Absender, Empfänger, Ort und Datum, Betreff, Anrede, Grußformel.
☐	☐	Du hast in der **Betreffzeile** dein Anliegen auf den Punkt gebracht.
☐	☐	Nach der Anrede sowie zwischen Ort und Datum ist jeweils ein Komma eingefügt.
☐	☐	In der **Einleitung** benennst du knapp dein Anliegen als Anlass für den Brief.
☐	☐	Im **Hauptteil** begründest du dein Anliegen überzeugend.
☐	☐	Im **Schlussteil** fasst du dein Anliegen noch einmal knapp zusammen und sprichst den Empfänger direkt an, z. B. indem du dich im Voraus bedankst.
☐	☐	Der Briefanfang ist kleingeschrieben.
☐	☐	Die Anredepronomen der Höflichkeitsform („Sie“, „Ihnen“, „Ihre“ usw.) sind großgeschrieben.
☐	☐	Deine Formulierungen sind knapp und sachlich. Es sind keine wörtlichen Reden enthalten.
☐	☐	Du hast den Brief mit deinem Vor- und Nachnamen unterschrieben.

4 Der Rattenfänger von Hameln – Sagen erschließen und zu Sagen erzählen

Hier siehst du eine mögliche Aufgabenstellung für eine Schulaufgabe.
Lies sie aufmerksam durch, beginne aber noch nicht gleich zu schreiben, sondern bearbeite erst die Aufgaben und Übungen auf den Seiten 23 bis 29.

Schulaufgabe

1 Lies die Sage vom „Rattenfänger von Hameln". Zeige, dass du den Text verstanden hast. Beantworte dazu die folgenden Leitfragen:
- Wann und wo spielt die Handlung der Sage?
- Was soll der Rattenfänger im Auftrag der Bürger erledigen?
- Warum geht er verärgert weg?
- Wie rächt er sich, als er wieder in die Stadt kommt?
- Wie endet die Handlung der Sage?

2 Belege anhand von Beispielen, dass es sich bei der Geschichte um eine Sage handelt.

3 Wähle **eine** der beiden Zusatzaufgaben und bearbeite sie. Setze mit deiner Erzählung jeweils an folgender Textstelle ein: „Am 26. Juni erschien der Rattenfänger wieder ..." (Z. 17 f.).
- Aufgabe 1: Das Kindermädchen erzählt in einem Brief an seine Mutter, was geschehen ist. **Oder:**
- Aufgabe 2: Denke dir ab der Textstelle eine andere Fortsetzung und einen neuen Schluss der Sage aus.

Der Rattenfänger von Hameln

Im Jahr 1284 ließ sich zu Hameln ein wunderlicher Mann sehen. Er hatte ein buntes Gewand an, weshalb er auch „Bundtling" genannt wurde. Er gab sich für einen Rattenfänger aus, indem er versprach, gegen ein gewisses Geld die Stadt von allen Mäusen und Ratten zu befreien. Die Bürger wurden mit ihm einig und versprachen ihm einen bestimmten Lohn.

Der Rattenfänger zog ein Pfeifchen heraus und pfiff, da kamen alsbald die Ratten und Mäuse aus allen Häusern hervorgekrochen und sammelten sich um ihn herum. Als er nun meinte, es wäre keine zurück, ging er hinaus und der ganze Haufen folgte ihm. So führte er sie an die Weser[1]. Dort trat er in das Wasser, worauf ihm alle Tiere folgten und hineinstürzend ertranken.

Nachdem die Bürger aber von ihrer Plage befreit waren, bereuten sie, dass sie ihm so viel Geld versprochen hatten, und sie verweigerten es dem Manne unter verschiedenen Vorwänden, sodass er zornig und erbittert wegging.

1. Der Rattenfänger bekommt von den Bürgern einen Auftrag.

1 Weser: norddeutscher Fluss, an dem die Stadt Hameln liegt

Am 26. Juni, auf Johannes und Pauli Tag, morgens früh sieben Uhr, nach anderen Erzählungen zu Mittag, erschien er wieder, jetzt in Gestalt eines Jägers mit einem schrecklichen Gesicht und einem roten, wunderlichen Hut und ließ seine Pfeife in den Gassen hören. Alsbald kamen diesmal nicht Ratten und Mäuse, sondern Kinder, Knaben und Mägdlein vom vierten Jahr an, in großer Anzahl gelaufen, worunter auch die schon erwachsene Tochter des Bürgermeisters war. Der ganze Schwarm folgte ihm nach und er führte sie hinaus in einen Berg, wo er mit ihnen verschwand.

Dies hatte ein Kindermädchen gesehen, welches mit einem Kind auf dem Arm von fern nachgezogen war, darnach umkehrte und das Gerücht in die Stadt brachte.

Die Eltern liefen haufenweis vor alle Tore und suchten mit betrübtem Herzen ihre Kinder; die Mütter erhoben ein jämmerliches Schreien und Weinen. Von Stund an wurden Boten zu Wasser und Land an alle Orte herumgeschickt zu erkundigen, ob man die Kinder oder auch nur etliche gesehen, aber alles vergeblich. Es waren im Ganzen hundertunddreißig verloren.

Der Berg bei Hameln, wo die Kinder verschwanden, heißt Poppenberg, wo links und rechts zwei Steine in Kreuzform aufgerichtet wurden. Einige sagen, die Kinder wären in eine Höhle geführt worden und in Siebenbürgen[2] wieder herausgekommen.

2 Siebenbürgen: ein Gebiet im heutigen Rumänien, in dem früher Deutsche siedelten

A Was wird von dir verlangt?

1 Welche Aufgaben sollst du erledigen? Streiche durch, was nicht zutrifft. Du sollst ...

A ... die Sage spannend nacherzählen.	B ... die Leitfragen zum Inhalt beantworten.	C ... die Figuren der Sage genau beschreiben.	D ... die Merkmale der Sage im Text erkennen und ...
E ... die Merkmale anhand von Beispielen belegen.	F ... eine Zusatzaufgabe erfinden und erledigen.	G ... eine der geforderten Zusatzaufgaben erledigen.	H ... deine Meinung zur Sage äußern.

2 Erinnere dich an die Merkmale der Sage und kreuze an, ob die folgenden Aussagen richtig oder falsch sind.

Sagen ...	Richtig	Falsch
A ... sind frei erfunden.	☐	☐
B ... haben einen wahren Kern.	☐	☐
C ... spielen häufig an einem Ort, der namentlich genannt wird.	☐	☐
D ... nennen nie eine Zeit.	☐	☐
E ... geben oft Personen namentlich an, um glaubwürdig zu wirken.	☐	☐
F ... handeln oft von unerklärlichen Geschehnissen.	☐	☐
G ... gehen immer glücklich aus.	☐	☐

B Die Sage verstehen und Ideen sammeln

1 Ordne die folgenden Überschriften den einzelnen Abschnitten der Sage zu. Schreibe sie in die Randspalte. So lässt sich der gesamte Inhalt gut überblicken. Ein Beispiel ist schon eingetragen.

Damit du die Leitfragen richtig beantworten kannst, musst du dir zunächst einen **Überblick über den gesamten Text** verschaffen.

Wortspeicher

Der Rattenfänger bekommt von den Bürgern einen Auftrag.
Das Verschwinden der Kinder wird erklärt. Die Eltern suchen vergeblich nach den Kindern.
Ein Kindermädchen ist Zeugin. Er lockt Ratten und Mäuse in die Weser.
Die Bürger verweigern den Lohn. Der Rattenfänger kehrt zurück und rächt sich.

2 Markiere im Text die Antworten auf die Leitfragen aus der Aufgabe 1 in der Schulaufgabe auf S. 22 f. blau.

3 Die Tabelle nennt Sagenmerkmale, die sich im Text „Der Rattenfänger von Hameln“ nachweisen lassen.

a Suche zu jedem Merkmal eine Textstelle, an der du es zeigen kannst. Markiere deine Textstelle grün.

b Schreibe die Zeilenangabe auf.

Nicht jede Sage weist alle **Merkmale** aus der Tabelle auf, aber bestimmt einige davon.

Merkmal	Zeile
Die Sage wird zunächst mündlich überliefert	26 ff.
Es findet die Begegnung mit etwas Übernatürlichem, Unerklärbarem statt.	______
Es tauchen Figuren mit übernatürlichen Kräften auf.	______
Der Ort, an dem das Ereignis stattfindet, wird genannt.	______
Die Zeit, in der die Geschichte spielt, wird angegeben.	______
Die Sage ist in einfacher Sprache verfasst.	1 ff.

4 Manchmal musst du bei dieser Schulaufgabe erkennen, um welche Art von Sage es sich handelt.

a Überlege, welcher speziellen Sagenart „Der Rattenfänger von Hameln“ angehört. Kreuze an.

☐ **Heimatsage:** Heimatsagen sind Sagen, die mit einem bestimmten Ort oder einer bestimmten Gegend verknüpft sind. Oft werden hier Namen, historische Ereignisse oder bauliche Besonderheiten (z. B. ein Wegkreuz, ein Turm) erklärt. Häufig geben Heimatsagen auch eine Deutung für bestimmte Gegebenheiten oder Ereignisse in der Natur (z. B. ein gespaltener Baum, ein Gebirge, ein Blitzschlag).

☐ **Götter- und Heldensage:** In ausführlichen Erzählungen über Götter, Fürstengeschlechter und Helden werden Ereignisse geschildert, die für Völker oder Volksstämme wichtig sind.

b Begründe deine Entscheidung.

Es ist eine ______________________________ *, weil* ______________________________

____

In der dritten Aufgabe kannst du zwischen zwei Schreibaufträgen wählen.

5 Sammle Ideen für den Brief des Kindermädchens an die Mutter. Dafür musst du dich in das Kindermädchen hineinversetzen. Die folgenden Fragen helfen dir dabei. Schreibe deine Antworten auf die Schreiblinien.

Wenn du **aus der Sicht** (Perspektive) **einer Figur** erzählst, musst du dich in diese **hineinversetzen:** Was kann sie wissen? Was hat sie gesehen, was vielleicht von anderen gehört? Wem erzählt sie ihr Erlebnis? Achte darauf, nichts Wesentliches hinzuzuerfinden. Das Verhalten der Figur darfst du aber erklären.

A Warum sind die Kinder dem Rattenfänger nachgelaufen? ____________________

____

B Warum bist du ihnen nachgegangen und warum bist du umgekehrt? ____________________

____

C Wie war die Situation in der Stadt, als du dort wieder ankamst? Wie haben sich die Bürger verhalten?

____

D Woher weißt du von der Vermutung, dass die Kinder in Siebenbürgen wieder ans Tageslicht gekommen seien?

____

____

E Wie redest du deine Mutter im Brief an, wie verabschiedest du dich?

____

____

6 Leni, Felix und Albrecht wollen eine andere Fortsetzung sowie einen anderen Schluss der Sage erzählen. Sie haben sich Notizen dazu gemacht.

a Beurteile ihre Ideen mit Hilfe des Tippkastens. Streiche die Vorschläge, die dir nicht gelungen scheinen, durch.

Wenn du einen **anderen Schluss zu einem Text** schreiben sollst, musst du darauf achten, dass auch in deiner Fortsetzung die **Merkmale der Textsorte** vorkommen. Zugleich darfst du keine Ideen bringen, die nicht zu der Textsorte passen. Eine Sage ist z. B. kein Krimi oder Sience-Fiction-Abenteuer. Achte aber auch darauf, keine Nacherzählung zu schreiben.

Albrecht schreibt:

Rattenfänger spielt wieder Flöte
Ratten und Mäuse kommen zurück, fressen Vorräte
Spuren der Rattenzähne an alten Häusern erinnern an das gebrochene Versprechen der Hamelner

Leni schreibt:

Rattenfänger spielt, die Kinder der Stadt kommen
Rattenfänger führt sie zu einem Berg
Kinder verschwinden darin

Felix schreibt:

Rattenfänger kommt, droht mit seiner Bande
Bürger rufen die Polizei
Ein Kommissar findet den Rattenfänger in seinem Versteck und nimmt ihn und seine Bande gefangen

b Sammle eigene Ideen für eine mögliche Fortsetzung der Sage. Schreibe in dein Heft.

C Einen Schreibplan entwickeln

1 Fülle den folgenden Schreibplan zur Schulaufgabe aus. Die Textbelege für die Sagenmerkmale kannst du, wie im Beispiel, wörtlich notieren oder zusammenfassen.

1. **Stichpunkte** zur Bearbeitung der **Leitfragen:**

A *1284 in* ______

B *Der Rattenfänger soll* ______

C ______

D ______

2. **Merkmale suchen:** Art der Sage: ______

Merkmal	Zeile	Textbeleg
Die Sage wird zunächst mündlich überliefert.	*26 ff.*	*Dies hatte ein Kindermädchen gesehen, welches das Gerücht in die Stadt brachte.* **Oder:** *Das Kindermädchen erzählt von dem Geschehen.*
Es findet die Begegnung mit etwas Übernatürlichem, Unerklärbarem statt.	______	______
Es tauchen Figuren mit übernatürlichen Kräften auf.	______	______
Der Ort, an dem das Ereignis stattfindet, wird genannt.	______	______
Die Zeit, zu der die Geschichte spielt, wird angegeben.	*1 ff.*	______

3. **Zusatzaufgabe** (ab Z. 17 f. anderen Schluss finden **oder** einen Brief des Kindermädchens verfassen):

Meine Idee: ______

______

D Übungen

König Watzmann

Vor langer Zeit herrschte im Berchtesgadener Land ein König namens Watzmann. Er liebte weder Menschen noch Tiere, sondern hatte eine grausame Lust daran, sie zu quälen. Darum war auch seine höchste Freude die wilde Jagd, wenn das Geheul der Jagdhunde und Hörnerschall ertönte, dass die Wälder davon widerhallten. Auch sein Weib und seine sieben Kinder fanden Lust an der wilden Hetzjagd und hatten Freude daran, wenn die Pferde ermattet zusammenbrachen und das gehetzte Wild von Hunden zerrissen wurde.

Eines Morgens in aller Frühe tönte wieder das Jagdhorn durch den Schlosshof, und König Watzmann zog – umtollt von der heulenden Meute – mit der Familie und dem Gefolge zur Jagd hinaus. Als sie ins nächste Dorf kamen, saß ein altes Mütterchen mit ihrem Enkelkind auf dem Schoß vor dem Haus. Da hetzte König Watzmann die Rüden auf sie und die beiden jungen Bauersleute, die der Großmutter und dem Kind zu Hilfe kommen wollten. Lachend sah der König mit der Familie und den Gefolgsleuten zu, wie die armen Menschen von den Hunden zerbissen wurden.

Da hob das sterbende Mütterchen mit letzter Kraft die Hand, wandte den Blick zum Himmel und rief: „Die Strafe Gottes soll euch treffen, allesamt! Verflucht sollt ihr sein und auf ewig in Felsen verwandelt!“ Und so geschah es auch: Die Erde erbebte und sprühte Feuer aus, Blitze zuckten und die Felswände dröhnten von den furchtbaren Donnerschlägen, als ob das Weltende gekommen. sei. Zur selben Stunde wurden der König, die Königin und die sieben Kinder in riesige Felsen verwandelt, die noch heute als ewige Wahrzeichen über dem Berchtesgadener Land aufragen.

Leitfragen beantworten

1 a Ergänze die Zusammenfassung des ersten Teils der Sage „König Watzmann“.

(1) Diese Sage spielt im ______________________________.

(2) Der König, der dort lebt, ist samt seiner Familie für seine ______________________________ bekannt. (3) Eines Tages hetzt er seine Hunde zu Beginn einer Jagd ______________________________ und lacht mit seinem Gefolge über ______________________________.

Deine Antworten auf die Leitfragen sollen **einen zusammenhängenden Text** ergeben. Verwende das Präsens.

b Jeder der Sätze aus Aufgabe 1a beantwortet eine Frage. Kannst du die Frage jeweils erkennen? Schreibe sie auf.

Bei der Beantwortung der **Leitfragen** sollst du nicht spannend erzählen, sondern die Fragen in eigenen Worten **knapp und sachlich beantworten.**

Leitfrage zu Satz 1: ______________________________

____

Leitfrage zu Satz 2: ______________________________

Leitfrage zu Satz 3: *Was passiert, als der König wieder zur Jagd ausreitet?*

2 Lena hat die vierte Leitfrage zur Sage „König Watzmann“ beantwortet. Diese lautet: „Was geschieht am Ende der Sage mit dem König und seiner Familie?“ Lena hat an einigen Stellen nicht sachlich formuliert, sondern ihre Antworten ausgeschmückt.

a Streiche alle unsachlichen Formulierungen aus Lenas Text.

VORSICHT FEHLER!

Die verletzte Großmutter spricht einen Fluch über die grausame, blutgierige Königsfamilie, die in ihren prächtigen Jagdgewändern höhnisch lachend vor den armen Bauersleuten steht. Da öffnet sich plötzlich die Erde, als ob sie die bösen Herrscher verschlingen wollte. Krachende Donnerschläge machen die Umstehenden taub, grelle Blitze blenden ihre Augen. Lärm und Feuer sind überall. Der König und seine Familie werden in mächtige graue Felsen verwandelt.

b Überprüfe mit Hilfe des Lösungsheftes, ob du alles Unsachliche gestrichen hast. Schreibe dann eine korrigierte Fassung von Lenas Text in dein Heft.

Merkmale erkennen

3 **a** Welche Kennzeichen der Sage kannst du den folgenden Textstellen entnehmen?

A Z. 1 „Vor langer Zeit herrschte im Berchtesgadener Land …“ ______________________

B Z. 2 „… ein König namens Watzmann …“ ______________________

C Z. 32 f. „… wurden … in riesige Felsen verwandelt …“ ______________________

b Welcher Art von Sage würdest du diese Geschichte zuordnen? Formuliere eine Begründung. Schreibe in dein Heft.
Die Sage ist eine …, denn sie …

Zusatzaufgaben bearbeiten

Auch zur Sage „König Watzmann“ gibt es Zusatzaufgaben:
- Zusatzaufgabe 1: Verfasse eine andere Fortsetzung und einen neuen Schluss der Sage. Setze ein nach „… zerbissen wurden“ (Z. 23).
- Zusatzaufgabe 2: Ein Jagdhelfer erzählt abends seiner Familie, was passiert ist. Schreibe auf, was er sagt.

4 **a** Auf der nächsten Seite findest du Aussagen über gelungene Fortsetzungen von Sagen. Kreuze an, ob die Aussagen auf die Texte von Max und Leon zutreffen.

Max schreibt:

Da wurde der Himmel auf einmal dunkel und ein Blitz streckte den König zu Boden. Er konnte sich nicht mehr bewegen. Mühsam sprach er zum erschrockenen Gefolge, das herbeigeeilt kam: „Wenn ich jemals wieder gesund werde, möchte ich von jetzt an ein guter König sein.“ Er wurde geheilt und war fortan seinem Volk ein gütiger König. Den verletzten Bauersleuten schenkte er ein großes Stück Land und Vieh.
Das Gebirge hinter Berchtesgaden aber wurde zu seinen Ehren Watzmann genannt.

Leon schreibt:

Auf einmal fiel ein Licht vom Himmel und es näherte sich ein seltsames Fahrzeug. Ein Ufo landete und zwei Schrecken erregende Wesen stiegen aus. Der König wollte die Hunde auf sie hetzen, doch sie töteten sie mit einem Feuerstrahl. Den richteten sie auch auf den König Watzmann, der auf die Knie fiel und versprach, sich zu bessern. Die beiden Wesen beachteten sein Flehen nicht und sprachen: „Du hast den Tod verdient!“, und sie streckten ihn nieder. Da waren alle Leute froh und feierten ein großes Fest.

	Max	Leon
Die vorgegebene Sage wird nicht einfach nacherzählt.	☐	☐
Die neuen Ideen für die Fortsetzung passen zur Textsorte Sage.	☐	☐
Die Fortsetzung ergibt eine typische Sagenart, z. B. eine Heimatsage.	☐	☐
Die Sprache der vorgegebenen Sage wird weitergeführt.	☐	☐

b Jasmin hat die zweite Zusatzaufgabe ausgewählt.
Markiere in ihrem Text die Stellen, an denen man sehen kann, dass sie sich gut in den Jagdhelfer hineinversetzt hat, der mit seiner Familie spricht.

c An einigen Stellen hat Jasmin unpassende Ausdrücke verwendet. Streiche sie durch und ersetze sie durch geeignete. Ein Beispiel ist schon vorgegeben.

In der Zusatzaufgabe sollst du die **Sprache der Sage aufgreifen.** Umgangssprachliche oder zu moderne Ausdrücke passen nicht dazu.

Habt ihr gehört, was heute bei der Jagd geschehen ist? Der ~~fiese~~ König hat in einem Dorf wieder seine Hunde auf Leute gehetzt, die er vor der Türe eines Bauernhauses sah. Ein altes Mütterchen war darunter. Sie, der Enkel und die Eltern wurden grausam verletzt. Die alte Oma hat aber den König und auch seine Familie verflucht. Zu Stein sollen sie werden, das konnte sie noch sagen. Da gab es auf einmal ein krasses Gewitter. Wir Jagdhelfer haben uns zitternd auf den Boden geworfen. Ich dachte, nun sei es aus mit uns allen. Als wir wieder aufgeschaut haben, waren der König und die Familie verschwunden. Aber vor uns stand ein Gebirge, größer als ein Wolkenkratzer. Das müssen der König, seine Frau und die sieben Kinder sein. Kommt mit hinaus, dann zeige ich es euch!

herzlos
____
____
____
____

E Den eigenen Text verfassen und überarbeiten

1 Schreibe nun den kompletten Aufsatz zur Sage „Der Rattenfänger von Hameln" in dein Heft. Gehe dabei von deinem Schreibplan (S. 26) und deiner Ideensammlung (S. 25) aus.

2 Lies deine Arbeit gut durch und kontrolliere, ob du folgende Punkte beachtet hast.

Checkliste

Ja	Nein	Hast du ...
		bei der Bearbeitung der Aufgaben 1 und 2
☐	☐	... alle Leitfragen richtig beantwortet?
☐	☐	... die Antworten in einem zusammenhängenden Text formuliert?
☐	☐	... alle Sagenmerkmale der vorgegebenen Sage benannt?
☐	☐	... Textstellen (mit Zeilenangabe) angeführt, die die Sagenmerkmale belegen?
☐	☐	... im ersten Teil des Aufsatzes knapp und sachlich formuliert?
		bei der Bearbeitung der Aufgabe 3 (Zusatzaufgaben)
☐	☐	... nur **eine** Zusatzaufgabe bearbeitet, wie verlangt?
☐	☐	... nur Ideen aufgegriffen, die zur Sage (und zur Figur, aus deren Sicht du erzählst) passen?
☐	☐	... die Sprache der Sage weiterverwendet und keine umgangssprachlichen oder modernen Ausdrücke benutzt?
		im gesamten Aufsatz
☐	☐	... die Lösungen zu den einzelnen Aufgaben (1, 2 und 3) durch Absätze voneinander getrennt?
☐	☐	... dabei die Aufgabennummern aber **nicht** aufgeschrieben?
☐	☐	... die Regeln der Rechtschreibung und Zeichensetzung (auch bei der wörtlichen Rede) beachtet?

5 Der Fluch des Pharao – Einen Sachtext beschreiben

Hier siehst du eine mögliche Aufgabenstellung für eine Schulaufgabe. Lies sie aufmerksam durch, beginne aber noch nicht gleich zu schreiben, sondern bearbeite erst die Aufgaben und Übungen auf den Seiten 31 bis 37.

Schulaufgabe

1 Nenne den Autor, den Titel und die Quelle des Textes. Gib an, um welche Textart es sich handelt. Formuliere in einem Satz, worum es in dem Text geht.

2 Fasse den Text „Der Fluch des Pharao“ zusammen. Beantworte dabei die folgenden Leitfragen:
- A Woran stirbt Lord Carnarvon?
- B Welche Todesfälle im Zusammenhang mit dem Grab des Tutanchamun folgen?
- C Wie reagiert die Bevölkerung Englands auf die Berichte über den Fluch?
- D Was ist mit dem Fluch des Pharao gemeint?
- E Wie stehen Wissenschaftler heute zum Fluch des Pharao?
- F Welche Informationen erhältst du durch den Vorspann des Textes sowie die Fotos und Bildunterschriften? Wozu dienen diese Bestandteile des Textes?

3 Gehe im Schlussteil darauf ein, welche Meinung du zum Text und zum Fluch hast. Begründe knapp.

Der Fluch des Pharao

Viele der Entdecker Tutanchamuns starben unter ungeklärten Umständen. Bis heute hält sich der Irrglaube, der Pharao habe Grabräuber mit einem Fluch belegt. Doch gibt es so etwas wirklich?

Der Erste war Lord Carnarvon. Der englische Adlige hatte das Geld für die Arbeiten am Grab Tutanchamuns gegeben, und natürlich war er auch dabei, als im Februar 1923 die Grabkammer geöffnet wurde. Als der Lord das Grab verließ, stach ihn eine Mücke. Beim Rasieren schnitt er sich später in den Stich, der Lord bekam eine Blutvergiftung und starb. Wenig später starben auch andere Teilnehmer der Ausgrabung, und bald hieß es, ein Fluch liege über dem Grab. „Der Tod soll den mit seinen Schwingen erschlagen, der die Ruhe des Pharao stört“

Das könnte Diebe anlocken: Das Grab des Pharao war einst voller Kostbarkeiten. Doch dann kamen der Archäologe Howard Carter und sein Team. Vorsichtig trugen die Helfer des Forschers eine goldene Truhe aus der Schatzkammer.

– dieser Satz soll auf einer Tontafel gestanden haben, die Howard Carter, der Entdecker der Gruft, am Grab des Pharao angeblich gefunden hatte. 1926 starb ein Mitarbeiter eines Pariser Museums, kurz nachdem er das Grab verlassen hatte. Ein Arzt, der die Mumie röntgen wollte, starb an einem geheimnisvollen Fieber. Mehr als 20 Menschen kamen ums Leben, die irgendwie mit dem Pharao zu tun hatten. War es möglich, dass die Entdecker ein rätselhaftes Gift in der Grabkammer eingeatmet hatten? Die Zeitungen schrieben über den Fluch des Pharao, und plötzlich schickten viele reiche Engländer, die Kunstgegenstände aus dem alten Ägypten besaßen, ihre Sachen ans Museum in London. Sie wollten so etwas lieber nicht im Wohnzimmer stehen haben. Aber gibt es so einen Fluch wirklich? Wissenschaftler halten das für Quatsch. Die Tontafel, auf der die bösen Worte gestanden haben sollen, ist nie gefunden worden. Möglicherweise gab es in der Grabkammer tatsächlich so etwas wie Gift in der Luft. Manche Wissenschaftler glauben, dass winzige Teile von einem Schimmelpilz Krankheiten ausgelöst haben könnten. Neuere Forschungen besagen, dass die angeblich verfluchten Personen schon ziemlich alt waren, als sie starben, nämlich im Durchschnitt 73 Jahre alt. Die normale Lebenserwartung lag damals bei 70. Wenn es also wirklich einen Fluch gab, dann hat er das Leben der Opfer nicht verkürzt, sondern verlängert.

Quelle: Dein Spiegel, Heft 2 2010, S. 34

A Was wird von dir verlangt?

1 Kreuze nur die Arbeitsschritte und Aufgaben an, die du tatsächlich erledigen sollst.

Du sollst ...

☐ ... den Text genau durchlesen.

☐ ... den Inhalt lebendig nacherzählen.

☐ ... den Fließtext in Sinnabschnitte unterteilen.

☐ ... den Text sachlich und richtig zusammenfassen.

☐ ... das Textäußere beschreiben.

☐ ... deine Meinung dazu sagen, ob es den Fluch des Pharao wirklich gibt.

☐ ... nach Aussagen im Text suchen, die zeigen, ob es den Fluch des Pharao wirklich gibt.

☐ ... den Vorspann sowie die Bilder und die Bildunterschrift des Textes besonders beachten.

B Den Sachtext erschließen und Ideen sammeln

1 Verschaffe dir einen Überblick über die äußere Form des Textes.

a Kennst du die Fachbegriffe für die Bestandteile eines Zeitungsartikels? Ordne sie den Erklärungen zu.

1	Bildtexte/Bildunterschriften ...
2	Vorspann-/Leadtexte ...
3	Bilder und Grafiken ...
4	Überschriften/Headlines ...
5	Fließtexte ...

A	... veranschaulichen den Text oder geben weitere Informationen.
B	... stehen ganz oben über dem Text.
C	... sind in der Regel nicht besonders gestaltet. Sie können aber z. B. in Spalten gesetzt sein.
D	... stehen neben oder unter Bildern und Grafiken, geben oft auch zusätzliche Informationen.
E	... stehen zwischen Überschrift und Text.

b Finde die Bestandteile im Text „Der Fluch des Pharao“. Ordne ihnen die Fachbegriffe zu, indem du die entsprechenden Ziffern in die Kästchen schreibst. Ein Beispiel ist schon eingetragen.

2 Worum geht es in dem Text? Kreuze an.

- ☐ Der Text informiert darüber, dass Howard Carters Helfer vorsichtig gearbeitet haben.
- ☐ Der Text erklärt ein ägyptisches Sprichwort und erzählt von dessen Auswirkungen.
- ☐ Der Text informiert über den Fluch des Pharao und darüber, wie heute Wissenschaftler darüber denken.
- ☐ Der Text erhebt Anklage gegen Grabräuber, auch wenn sie im Namen der Wissenschaft handeln.

Wenn du erklären sollst, **worum es in einem Text geht,** bezieht sich die Frage **immer auf das Textganze,** nicht auf einzelne Aussagen des Textes.

3 Lies den Vorspann noch einmal. Kreuze dann die richtigen Aussagen dazu an.

- ☐ Der Vorspann passt zum Inhalt des Textes.
- ☐ Der Vorspann bringt neue Erkenntnisse zum Fluch.
- ☐ Der Vorspann möchte den Leser zum Weiterlesen anregen.

4 Betrachte die Bilder und die Bildunterschrift auf S. 30 noch einmal genau. Streiche die Aussagen durch, die nicht zutreffen.

Ich sehe auf einem Foto, dass es sich hier um das Grab des Pharao Tutanchamun handelt.

Ich erfahre, dass im Grab eines Pharao viele kostbare Schätze gefunden wurden.

Ich sehe auf einem Bild eine Grabkammer mit vielen Schätzen.

Ich sehe, dass Lord Carnarvon bei der Öffnung des Grabes anwesend war.

Ich erfahre, dass Howard Carters Helfer alle Schätze aus der Grabkammer trugen.

Ich sehe auf einem Foto, dass Howard Carters Helfer eine Truhe aus der Grabkammer trugen.

5 Was ist mit dem Fluch „Der Tod soll den mit seinen Schwingen erschlagen, der die Ruhe des Pharao stört“ (Z. 9) gemeint? Kreuze die richtige Bedeutung an.

- ☐ Der Tod soll den Pharao nicht stören, solange er lebt.
- ☐ Derjenige soll sterben, der in das Grab des Pharao eindringt.
- ☐ Der Pharao muss sterben, weil er die Ruhe des Todes stört.

Nicht immer musst du jedes einzelne Wort bewusst kennen, um den **Sinn einer Aussage** zu **erfassen.** Um z. B. den Fluch (s. Aufgabe 5) zu verstehen, muss man nicht unbedingt wissen, dass *Schwingen* ein anderes Wort für *Flügel* ist.

6 Oft kannst du dir unbekannte Wörter zerlegen oder aus dem Zusammenhang erschließen. Versuche das bei den folgenden Beispielen.

A Irrglaube (Z. 2): ____________________

\+ ____________________

→ ____________________

B Grabräuber (Z. 2): ____________________

\+ ____________________ → ____________________

Wichtige Begriffe musst du dagegen genau **verstehen.** Dabei helfen dir folgende Strategien:

- **Zerlege das Wort** in seine Bestandteile, z. B. *Kunstgegenstände* (Z. 16) → *Kunst + Gegenstände = künstlerisch gestaltete Gegenstände.*
- **Erschließe das Wort** aus dem Kontext, z. B. *Entdecker der **Gruft*** (Z. 10 f.): In dem Textabschnitt geht es um die Entdeckung des Grabes → *Gruft = Grabkammer.*

C Lebenserwartung (Z. 24): ______________________________

____

______________________________ →

D Archäologe (Bildunterschrift): ______________________________

____

______________________________ →

7 Hast du den Text genau gelesen? Manche der folgenden Aussagen stehen im Text, einige kannst du erschließen, wenn du zum Beispiel die Bilder betrachtest, und manche Aussagen sind falsch. Kreuze jeweils in der richtigen Spalte an und notiere die Zeilenangabe (oder Bildtext bzw. Vorspann statt Zeilenangabe).

Aussagen zum Text „Fluch des Pharao"	**steht im Text**	**lässt sich aus Text und Bildern erschließen**	**ist falsch oder lässt sich nicht erschließen**
A Lord Carnarvon war der erste Tote im Zusammenhang mit dem Fluch.	☒ Z. 4ff.	☐ ____	☐
B Wissenschaftler glauben heutzutage nicht mehr an den Fluch.	☐ ____	☐ ____	☐
C Es gibt die Vermutung, dass giftige Schimmelpilzteilchen den Tod ausgelöst haben.	☐ ____	☐ ____	☐
D Die Tafel mit dem Fluch liegt im Museum in Ägypten.	☐ ____	☐ ____	☐
E Es gab Grabräuber in Ägypten.	☐ ____	☐ ____	☐
F Manche Engländer besaßen früher Schätze aus Ägypten.	☐ ____	☐ ____	☐
G Die im Zusammenhang mit dem Grab des Pharao Verstorbenen waren schon alt.	☐ ____	☐ ____	☐
H Früher hatte man Angst vor dem Fluch.	☐ ____	☐ ____	☐
I Auch der Entdecker der Gruft starb auf seltsame Weise.	☐ ____	☐ ____	☐
J Howard Carters Leute gingen vorsichtig mit den Schätzen um.	☐ ____	☐ ____	☐
K Heute glaubt niemand mehr an den Fluch des Pharao.	☐ ____	☐ ____	☐

8 Streiche nun die Aussagen im Text auf Seite 30 an, die Informationen zu den Leitfragen A bis E geben. Schreibe in die Randspalte, welche Frage jeweils beantwortet wird. Das Beispiel zu Leitfrage A ist schon eingetragen.

9 a Anna und Georg diskutieren über den Fluch. Im Materialspeicher findest du Gedanken, die sie sich zu dem Thema gemacht haben. Ordne die Ideen Anna und Georg zu, indem du die entsprechenden Buchstaben auf die Linien schreibst.

Anna: Den Fluch kann es gar nicht geben. Dagegen spricht nämlich: A, ____________________

Georg: Vielleicht gibt es ihn doch. Dafür spricht: ____________________

Materialspeicher

A Die Tontafel mit dem Fluch wurde nie gefunden.
B Das Alter der geheimnisvollen Todesopfer lag im Durchschnitt immerhin bei über 73 Jahre. Das ist sehr alt.
C Es gibt immer wieder mystische Dinge.
D Der Spruch wurde sicher nicht einfach erfunden.
E Es gibt keine gültige Erklärung dafür, dass so viele Menschen im Umfeld starben.
F Meine Eltern glauben auch an solche Dinge.
G Vielleicht sind Schimmelpilzteilchen die Todesursache. Das vermuten doch manche Wissenschaftler.
H Ich bin nicht abergläubisch.

b Welche Meinung hast du selbst zum Fluch? Ergänze den Satz. Du darfst hier wirklich deine eigene Meinung äußern.

Ich glaube/glaube nicht an den Fluch, weil ____________________

____

____

C Einen Schreibplan erstellen

1 a Hier findest du die Informationen, die du für die **Einleitung** zu deinem Aufsatz brauchst. Um welche der im Tippkasten genannten Angaben (A–E) handelt es sich jeweils? Schreibe den entsprechenden Buchstaben in die Kästchen.

☐ Sachtext
☐ Autor unbekannt
☐ „Der Fluch des Pharao"
☐ „Dein Spiegel", Heft Nummer 2/2010, Seite 34
☐ Der Text liefert Informationen über den Fluch des Pharao und darüber, wie heutige Wissenschaftler darüber denken.

In der **Einleitung** machst du Angaben zum Text:
A Worum geht es?
B Verfasser/in
C Quelle
D Titel
E Textart
Nicht immer sind alle Angaben vorhanden.

b Ordne nun dem **Hauptteil** und dem **Schluss** die passenden Aussagen zu. Verbinde mit Linien.

1 Du schreibst, ob der Text für dich interessant ist oder nicht. Außerdem kannst du angeben, ob du an den Fluch glaubst oder daran zweifelst. Deine Meinung zum Text und zum Fluch musst du jeweils knapp begründen.

2 Du beantwortest alle Leitfragen in einem zusammenhängenden Text und achtest dabei darauf, sachlich und mit eigenen Worten zu schreiben.

A Hauptteil
B Schluss

D Übungen

1 Lies die drei **Einleitungen** und untersuche sie mit Hilfe der unten stehenden Tabelle. Entscheide dann, ob die Einleitungen gelungen sind oder nicht. Kreuze an.

	Gelungen	Nicht gelungen
A *„Der Fluch des Pharao" ist ein Sachtext, der im Jahr 2010 auf Seite 34 von Heft 2 der Zeitschrift „Dein Spiegel" erschien. Die Leser erfahren in diesem Artikel vieles über den Fluch des Pharao und erhalten zudem Informationen, wie Wissenschaftler heute darüber denken. Der Autor des Textes ist nicht genannt.*	☐	☐
B *Der Sachtext ist in „Dein Spiegel" erschienen und er handelt vom Fluch des Pharao und davon, wie Wissenschaftler heute den Fluch sehen. Der Autor ist mir nicht bekannt.*	☐	☐
C *„Der Fluch des Pharao" ist ein Sachtext. Der Text erschien im Jahr 2010 in „Dein Spiegel" in Heft 2 auf Seite 34. Der Text berichtet davon, dass viele Leute bei der Entdeckung des Grabes von Tutanchamun starben und wie damals einige Engländer darauf reagierten. Außerdem berichtet der Text darüber, wie heute Wissenschaftler über den Fluch denken, und die Gründe dafür.*	☐	☐

Einleitung	Angabe zum Autor	Vollständige Quellenangabe	Titel	Textart	Knappe Information, worum es im Text geht	Keine Wiederholungen
A	☐	☐	☐	☐	☐	☐
B	☐	☐	☐	☐	☐	☐
C	☐	☐	☐	☐	☐	☐

2 Hier siehst du einen Auszug aus dem **Hauptteil** des Aufsatzes. Füge die passenden Verknüpfungswörter aus dem Wortspeicher in die Lücken, um die Zusammenhänge zwischen den Sätzen deutlich zu machen.

Wortspeicher
außerdem
zunächst
auch heute noch
dazu
dieser
nachdem

Lord Carnarvon stirbt an einer Blutvergiftung. ______________________

gibt es weitere rätselhafte Todesfälle: Insgesamt verlieren über 20 Menschen ihr

Leben. ______________________ gehören beispielsweise ein Arzt und ein

Museumsmitarbeiter in Paris. ______________________ viele Zeitungen über den Fluch des Pharao

berichtet haben, bekommen manche Engländer Angst und schicken ihre ägyptischen Kunstgegenstände dem

Museum in London.

3 Der folgende Textauszug stammt aus einem Hauptteil des Aufsatzes.

a Lies noch einmal die Leitfragen C bis F auf der Seite 30.

b Der unterstrichene Satz ist die Überleitung von Frage C zu D. Ergänze die fehlenden Überleitungen. Du kannst dich von Formulierungen aus dem Wortspeicher anregen lassen. Schreibe auf die Linien.

Obwohl du im **Hauptteil** mehrere Fragen beantwortest, sollst du einen **zusammenhängenden Text** formulieren. Das gelingt dir besonders gut, wenn du in deinem Aufsatz mit so genannten **Überleitungen** von der Antwort auf die eine Leitfrage zu der Antwort auf die nächste überleitest.

Wortspeicher

nimmt der Vorspann vorweg
diese Einschätzung der Wissenschaftler
es ist aber nicht erwiesen
verrät auch der Vorspann
es gibt keine Beweise
dass es den Fluch wirklich gibt
die Meinung der Wissenschaftler
dass der Fluch nicht wirklich existiert
findet sich auch im Vorspann

Diese Engländer hatten Angst, der Fluch des Pharao könne sie treffen. Dieser besagt angeblich, dass jeder sterben soll, der die Totenruhe des Pharao stört. ______

______

______

______

Wissenschaftler zweifeln daran, denn die Tafel, auf der der Fluch gestanden haben soll, wurde nie gefunden. Außerdem waren die Menschen, die damals auf geheimnisvolle Weise starben, schon so alt, dass sie ohnehin bald gestorben wären. Manche Wissenschaftler gehen auch davon aus, dass winzige Schimmelpilzteile in der Grabkammer die Todesursache waren. ______

______

______

Der Vorspann informiert nämlich darüber, dass der Glaube an den Fluch nur ein Irrglaube ist.

4 Wenn du den folgenden Lückentext mit den Begriffen aus dem Wortspeicher richtig füllst, hast du die Leitfrage F zum Vorspann, den Fotos und den Bildunterschriften schon beantwortet.

Wortspeicher

Überschrift vorstellen Entdecker Frage
Vorspann Inhalt Grabkammer Ergänzung

Der ______ steht zwischen der fett gedruckten ______ und dem Fließtext. Hier erfährt der Leser bereits etwas über den ______ des Artikels und er wird mit einer ______ zum Weiterlesen angeregt. Die beiden Fotos gehen über den Inhalt des Textes hinaus, weil sie zeigen, wie eine ______ ausgesehen hat. Außerdem sehe ich auf einem Bild den ______ des Grabes von Tutanchamun. Somit kann ich mir besser ______, worum es im Text geht. Die Bilder stellen eine ______ zum Inhalt des Textes dar.

5 Lies die vier folgenden Möglichkeiten für einen Schluss durch und überprüfe, ob sie die Merkmale eines gelungenen Schlusses aus dem Tippkasten erfüllen. Ordne ihnen dazu die Ziffern aus dem Tippkasten zu.

Ein gelungener **Schluss** sollte ...
1 ... auf keinen Fall länger sein als der Hauptteil,
2 ... deine Meinung zum Text oder zu einer bestimmten Frage zum Text (hier z. B. zum Fluch) enthalten,
3 ... diese Meinung knapp und sachlich begründen,
4 ... keinen neuen Gedanken aufgreifen, sondern auf den Text bezogen sein.

A *Abschließend bleibt mir nur zu sagen, dass ich den Text interessant fand. Nachdem ich bereits im Fach Geschichte vieles über die Ägypter gelernt habe, war dieser Artikel eine gute Ergänzung. An den Fluch des Pharao glaube ich nicht mehr, weil mich die Ergebnisse der Wissenschaftler überzeugen.* ☐

B *Dieser Artikel war für mich recht interessant, weil ich viel über den Fluch des Pharao erfahren habe. Und ich bin mir jetzt auch ganz sicher, dass es keinen Fluch gegeben hat, weil es ganz natürliche Erklärungen für die Todesfälle gibt.* ☐

C *Dieser Artikel war sehr interessant. Er hat gezeigt, wie es zum Fluch des Pharao kam. Und man kann darüber unterschiedliche Meinungen haben. Manche glauben vielleicht heute noch an den Fluch, weil sie immer an solche Dinge glauben. Sie schicken beispielsweise auch Kettenbriefe weiter, weil sie Angst haben, dass sie sonst ein Unglück trifft. Andere meinen aber, dass es ganz natürliche Erklärungen für mystische Dinge geben könnte. Eigentlich haben geheimnisvolle Geschichten oft eine ganz einfache Erklärung.* ☐

D *Nachdem ich mich mit diesem interessanten Text befasst habe, kenne ich einige Gründe, warum es den Fluch des Pharao nicht gegeben hat. Trotzdem muss ich zugeben, dass ich immer noch daran glaube, weil ich einfach abergläubisch bin. Daran konnte auch der Artikel nichts ändern.* ☐

E Den eigenen Text verfassen und überarbeiten

1 a Schreibe nun den gesamten Aufsatz ins Heft.
b Kontrolliere deinen Aufsatz mit Hilfe der Checkliste. Überarbeite Textstellen, die noch nicht gut gelungen sind.

Checkliste

Ja	Nein	Hast du ...
☐	☐	... in der **Einleitung** Autor/in, Titel und Quelle genannt und angegeben, worum es in dem Text geht?
☐	☐	... im **Hauptteil** den Inhalt anhand der Leitfragen richtig zusammengefasst und die Fragen zum Vorspann, zu den Fotos und Bildunterschriften beantwortet?
☐	☐	... den Hauptteil als einen zusammenhängenden Text (möglichst mit Überleitungen) geschrieben?
☐	☐	... im **Schlussteil** deine Meinung knapp und sachlich dargestellt und keine neuen Gedanken eingebracht?
☐	☐	... **allgemein** im Präsens geschrieben?
☐	☐	... auf abwechslungsreiche Satzanfänge und sinnvolle Verknüpfungen geachtet?
☐	☐	... in eigenen Worten formuliert?

6 Die Sonne im Gesicht – Rechtschreibung und Grammatik

In der 6. Klasse wird oft eine Schulaufgabe aus den Bereichen Rechtschreibung und Grammatik gestellt. Dazu ist dein Vorwissen aus der 5. Klasse erforderlich. Außerdem hast du etliches Neues gelernt, das im folgenden Kapitel geübt wird. Am Ende des Kapitels findest du Aufgaben, die so in einer Schulaufgabe gestellt werden könnten.

Vorwissen aktivieren und üben: Rechtschreibung

Lange und kurze Vokale

1 Bereits in der 5. Klasse hast du die wichtigsten Rechtschreibregeln gelernt. Zur Erinnerung sind sie in den verschiedenen Kästchen aufgeführt. Lies sie durch.

A Nach einem betonten, **kurz** gesprochenen Vokal folgen meistens **zwei** Konsonanten, z. B. *Wasser/ lernen.*

B **Lange** Vokale wie ***a, e, o, u, ä, ö*** oder ***ü*** werden in der Regel einfach geschrieben, z. B. *loben*. Hört man nach dem langen Vokal ein ***m, n, l*** oder ***r,*** steht nach dem langen Vokal meist ein ***h,*** z. B. *mahnen*.

C Das lang gesprochene ***i*** wird meistens als ***ie*** geschrieben, z. B. *Biene/riechen*. Ausnahmen bilden unter anderem die Pronomen *i**h**n, i**h**m, i**h**r ...*, die man mit ***ih*** schreibt.

D Nach betontem, kurzem Vokal wird der stimmlose s-Laut fast immer ***ss*** geschrieben, z. B. *Nuss/ küssen.*

E Nach langem Vokal und Doppellaut (Diphthong) wird der stimmlose s-Laut als ***ß*** geschrieben, z. B. *Straße, scheußlich.*

2 Im folgenden Text findest du Informationen zum Jugendbuch „Die Sonne im Gesicht“ von Deborah Ellis.

Wenn dich das Buch interessiert, besorge es in der örtlichen Bücherei. Vielleicht kannst du es auch deiner Klasse vorstellen.

a Die fett gedruckten Wörter sind einmal richtig und einmal falsch geschrieben. Entscheide dich für eine Schreibweise und streiche die falsche Lösung durch.

b Schreibe in die Randleiste die Nummer der Rechtschreibregel, die du dabei anwenden kannst.

*In dem Jugendbuch „Die Sonne im Gesicht“ von Deborah Ellis geht es um ein Mädchen namens Parvana, das **während/wärend** der Herrschaft der Taliban in Afghanistan aufwächst.* ☐

*Die Taliban kontrollieren das ganze Land und **verbieten/verbiten** zum Beispiel Frauen und Mädchen, ohne männliche Begleitung **auser/außer** Haus zu gehen.* ☐ ☐

*Irgendwann dürfen die Mädchen auch die Schule nicht mehr besuchen, weil es sich angeblich nicht lohnt, Geld in ihre Ausbildung zu **steken/stecken**.* ☐

*Parvana **muß/muss** also wie viele andere Mädchen daheimsitzen.* ☐

Klein- und Großschreibung

3 Du hast ganz unterschiedliche **Nomensignale** kennen gelernt. Ordne die Begriffe den Beispielen mit Pfeilen zu.

Parvana lebt **in Afghanistan.**	Demonstrativpronomen
Viele Mädchen gehen dort nicht zur Schule.	bestimmte Mengenangabe
Der Vater von Parvana ist **ein Schreiber.**	Possessivpronomen
Mit **dieser Tätigkeit** verdient er nicht viel Geld.	bestimmter oder unbestimmter Artikel
Manchmal hat er nur **drei Kunden** pro Tag.	Präposition (auch mit Artikel verbunden)
Parvana muss als Junge verkleidet **ihre Familie** ernähren.	unbestimmte Mengenangabe wie *etwas, alles, nichts, viel, wenig, allerlei, genug* und *manches*

4 Hier siehst du einen Tagebucheintrag des afghanischen Mädchens Parvana.

a Unterstreiche im Text alle nominalisierten Adjektive und Verben mit ihren Nomensignalen.

b Trage dann die unterstrichenen Nomen in die unten stehende Tabelle ein:

Nominalisierte Adjektive und Verben werden im Satz wie Nomen gebraucht. Sie werden deshalb großgeschrieben. Man erkennt sie an den **Nomensignalen.** Oft steht zwischen dem Signalwort und dem nominalisierten Adjektiv oder Verb noch ein weiteres Wort. Beispiel: *Ich höre* ***das laute Lachen.*** Manchmal **fehlt ein Signalwort.** Kannst du dann einen Artikel ergänzen, wird das folgende Wort großgeschrieben (Artikelprobe). Beispiel: *Mir passiert* ***Schlimmes.*** *→ Mir passiert* ***das Schlimme.***

Liebes Tagebuch,

heute muss ich dir etwas besonders Schreckliches berichten. Gestern Abend stießen plötzlich Taliban-Soldaten unsere Wohnungstür auf. Nach kurzem Umschauen stürmten sie auf meinen Vater zu. Zwei der Männer schleppten ihn aus der Wohnung. Das laute Weinen meiner Mutter hinderte sie nicht daran. Dieses Klagen brachte auch die anderen Männer nicht vom Zerstören unseres Hausrats ab. Jch ahnte Entsetzliches. Niemand durfte die Tagebücher meines Vaters in die Hand bekommen und so schlug ich mit lautem Schreien auf die Männer ein. Da geschah das Erstaunliche: Mein Schreien wirkte und sie ließen unsere Sachen in Ruhe. Jetzt gilt es, unseren Vater wieder freizubekommen.

Signalwort	Beispiel aus dem Text
unbestimmter / bestimmter Artikel	
Demonstrativpronomen	
Possessivpronomen	
bestimmte / unbestimmte Mengenangabe	
Präposition (auch mit Artikel verbunden)	
kein Signalwort	

5 Die Taliban erlauben Mädchen und Frauen nicht, ohne männliche Begleitung aus dem Haus zu gehen. Parvanas Vater, der verhaftet wurde, ist aber der einzige Mann in der Familie. Was könnte die Familie tun, um nicht Hunger leiden zu müssen?

Wenn du die Texte zu den folgenden Aufgaben genau liest, erfährst du, welche Lösung Parvanas Familie findet.

6 Schreibe den folgenden Text in der richtigen Groß- bzw. Kleinschreibung in dein Heft.

PARVANA WIRD ALS JUNGE VERKLEIDET, DAMIT SIE SICH IN DER ÖFFENTLICHKEIT BEWEGEN KANN. ZUERST SCHNEIDET IHR DIE MUTTER DIE HAARE. BEIM SCHNEIDEN IHRER LANGEN LOCKEN IST PARVANA NOCH GANZ MULMIG ZUMUTE. ABER ALS SIE AM NÄCHSTEN MORGEN AUF DEN MARKT GEHT, FÜHLT SIE SICH SCHON GANZ WOHL MIT IHREM DASEIN ALS JUNGE. SIE SETZT SICH AUF DEN GLEICHEN PLATZ, AN DEM IHR VATER IMMER GESESSEN HAT. MIT DEM SCHREIBEN VON BRIEFEN HAT SIE GEGEN ABEND SCHON VIEL GELD VERDIENT. STOLZ ÜBERREICHT SIE DER MUTTER DIE VERDIENTEN MÜNZEN. SIE IST WIRKLICH FROH, ETWAS NÜTZLICHES TUN ZU KÖNNEN.

Zeichensetzung

7 **a** Ordne die Beispielsätze richtig zu.
b Ergänze dann die Regeln.

Die **wörtliche Rede** steht in einem Text in **Anführungszeichen.** Die **Satzzeichen** ändern sich je nach Position des Redebegleitsatzes.

A vor der wörtlichen Rede
B inmitten der wörtlichen Rede
C nach der wörtlichen Rede

1 „Ich habe nicht schlecht verdient!“, freute sich Parvana.
2 Traurig sagte sie: „Aber Vater hätte bestimmt mehr eingenommen.“
3 „Wenn ich morgen wieder so gut verdiene“, überlegte sie, „können wir bald neue Sandalen für Maryam kaufen.“

Was jemand spricht, steht in Texten in ______________________________.

Wenn der Redebegleitsatz ______________________________ ist, geht der wörtlichen Rede immer ein Doppelpunkt voraus.

Ist der Redebegleitsatz nachgestellt oder eingeschoben, wird er durch ______________________________ abgetrennt.

Aussagesätze der wörtlichen Rede verlieren immer den ____________________, wenn ein Redebegleitsatz folgt. Fragezeichen und ______________________________ bleiben in der wörtlichen Rede immer erhalten.

8 Setze die Satzzeichen in dem Textausschnitt richtig ein.

Ich gehe Wasser holen bot Parvana an.
Du? Freiwillig? Bist du fragte ihre Schwester Nooria fassungslos krank?
Parvana beachtete sie nicht und fragte ihre Mutter Darf Maryam mit mir zum Wasserhahn gehen?
Als die Mutter zögerte riet eine Freundin Lass sie gehen. Parvana ist doch jetzt ein Junge!

9 In dem folgenden Textausschnitt fehlen insgesamt sieben Kommas. Trage sie ein.

Voller Freude holte Parvanas kleine Schwester Maryam ihre Sandalen aber sie waren viel zu eng. Natürlich waren ihre Füße inzwischen gewachsen denn sie war seit einem Jahr nicht mehr draußen. Als eine Freundin die Sandalen begutachtete entschied sie dass Maryam neue bekommen sollte. Damit sie aber gleich mit Parvana zum Wasserholen gehen konnte wurden ihre Füße mit einigen Lagen Stoff umwickelt. Zunächst bewegte sich die Kleine unbeholfen und lachte strahlte und tobte erst wieder als sie das kalte Nass auf der Haut spürte. Von nun an begleitete Maryam Parvana jedes Mal beim Wasserholen.

Wörter und Wortgruppen in **Aufzählungen** werden durch ein Komma abgetrennt, z.B. *Parvana kaufte **Wasser, Tee, Brot** und anderes ein.*
Hauptsätze in Satzreihen (Hauptsatz + Hauptsatz) werden dann durch ein Komma getrennt, wenn sie durch die Konjunktionen ***aber, sondern, doch, jedoch*** u.a. verbunden sind oder keine Konjunktion steht. Beispiel: *Parvana muss verkleidet das Haus verlassen, **(denn)** nur Jungen ist das erlaubt.*
In **Satzgefügen (Hauptsatz + Nebensatz)** grenzen Kommas immer den Haupt- vom Nebensatz ab. Beispiel: *Sie war froh, **dass** sie an die frische Luft kam.*

Vorwissen aktivieren und üben: Grammatik

Wortarten

1 Du hast inzwischen viele unterschiedliche Wortarten kennen gelernt.
a Suche zu den deutschen Begriffen die lateinischen Fachbegriffe aus dem Wortspeicher und schreibe sie in die Tabelle.
b Trage zu jeder Wortart zwei Beispiele aus dem Wortspeicher ein.

Deutsches Wort	Lateinischer Fachbegriff	Beispiele
Begleiter	Artikel	der, eine
Hauptwort, Namenwort		
Eigenschaftswort		
Zeitwort, Tunwort		
persönliches Fürwort		
besitzanzeigendes Fürwort		
hinweisendes Fürwort		
Verhältniswort		
Bindewort		

Wortspeicher

Fachbegriffe: Verb Nomen Possessivpronomen Konjunktion ~~Artikel~~ Adjektiv Personalpronomen Präposition Demonstrativpronomen

Beispiele: jene bunt Regen gehen du ihm in euer dieser Haus ~~der~~ brav dein weil und mit ~~eine~~ spielen

2 Setze die passenden Konjunktionen und Präpositionen aus dem Wortspeicher in den Text ein. Manche kannst du mehrfach verwenden.

Wortspeicher

Präpositionen:
mit über unter auf bei vor zu
wegen an in nach vor trotz

Konjunktionen:
als damit weil bis nachdem obwohl
dass während

Präpositionen sind Wörter, die sich meist auf ein Nomen beziehen und zum Beispiel ein **räumliches** Verhältnis (z. B. *auf, unter, in, über*), ein **zeitliches** Verhältnis (z. B. *vor, nach*) oder ein anderes Verhältnis angeben (z. B. *dank, trotz, wegen*)
Konjunktionen verbinden einzelne Wörter *(Parvana **und** Shauzia sind Freunde.)*, Wortgruppen *(Häufig denkt Parvana an ihren Vater **und** an ihre glückliche Kindheit.)* oder ganze Sätze *(Parvana und Shauzia brauchen mehr Geld, **damit** sie sich einen Bauchladen kaufen können.)*.

__________ Parvana mehr Geld verdienen will, arbeiten sie und Shauzia __________ einem Friedhof. __________ ihnen die Arbeit keinen Spaß macht, halten sie durch. __________ ihren Händen müssen sie __________ der Erde graben. __________ Parvana einmal __________ die Toilette muss, kann sie das nur heimlich. __________ ihrer Angst __________ Landminen betritt sie ein verlassenes Gebäude. Am Ende des Tages versprechen sich die beiden Mädchen, __________ sie das Erlebte nicht vergessen wollen und dass sie sich __________ diesen Tag erinnern werden, __________ wieder alles besser wird.

Verben – Zeitformen

3 In dem Text fehlen die Verben, passende Infinitive sind aber in Klammern angegeben.

a Setze dazu die Infinitive in die angegebenen Zeitformen und trage sie ein.

b Entscheide, welche der eingesetzten Verben schwach und welche stark oder unregelmäßig sind: Markiere den Stammvokal der schwachen Verben gelb, den der starken und unregelmäßigen grün.

Anhand der **Zeitformen** der Verben (Singular: **Tempus,** Plural: Tempora) kann man erkennen, ob ein Geschehen in der Vergangenheit, Gegenwart oder Zukunft stattfindet.
Man unterscheidet **starke** von **schwachen** und **unregelmäßigen Verben.** Bei schwachen Verben ändert sich der Stammvokal nicht, z. B. *reden – redete – geredet*. Bei starken Verben und unregelmäßigen Verben ändert er sich in manchen Formen, z. B. *helfen – half – geholfen; bringen – brachte – gebracht*.

Liebes Tagebuch,

als Shauzia und ich heute Morgen in die Stadt __________ (gehen, Plusquamperfekt), __________ (entdecken, Präteritum) *wir vor dem Stadion eine große Menschenmenge. Im Stadion* __________ *aber kein Spiel* __________ (stattfinden, Präteritum), *sondern Taliban-Sodaten* __________ *dort gefangene Männer* __________ (einsperren, Plusquamperfekt). *Nachdem wir das* __________ (sehen, Plusquamperfekt), __________ (verlassen, Präteritum) *wir schnell den Ort.*

Verben – Aktiv und Passiv

4 **a** Erinnere dich, was du über Aktiv und Passiv gelernt hast. Fülle dann die Lücken im Text.

Das Aktiv verwenden wir, wenn es wichtig ist zu wissen, wer der ______________________ in einem Satz ist.

Wortspeicher
Handelnde
abwechslungsreicher
Geschehen

Beispiel: ***Parvana*** *liebt das Geschrei auf dem Markt.*

Das Passiv kann man verwenden, wenn das ______________________ selbst im Vordergrund steht und es weniger wichtig ist, den Handelnden zu kennen. Außerdem kann das Passiv dabei helfen, sich ______________________ auszudrücken.

Beispiel: *Auf dem Marktplatz wird* ***(von den Händlern)*** *geschrien.*

b Unterstreiche in den folgenden Sätzen jeweils den Handelnden.
c Setze die Sätze dann ins Aktiv bzw. Passiv. Achte dabei auf das vorgegebene Tempus.

Beispiel: Maryam wird von Parvana eine Geschichte erzählt.
Aktiv: *Parvana erzählt Maryam eine Geschichte.*

Beispiel: Eine Frau schenkt Parvana immer wieder Süßigkeiten.
Passiv: *Süßigkeiten werden Parvana immer wieder (von einer Frau) geschenkt.*

Parvana wird von Ali auf den Markt begleitet.

Aktiv: ______________________

____

Zum Abschied küsst die Mutter das Kind.

Passiv: ______________________

____

Auf dem Markt werden fremden Männern von Parvana Briefe vorgelesen.

Aktiv: ______________________

____

Dort ärgert ein Junge die beiden Mädchen.

Passiv: ______________________

____

Satzglieder

5 **a** Markiere in den folgenden Sätzen die Satzglieder mit senkrechten Strichen und unterstreiche sie dann in den angegebenen Farben. Subjekt: Grün, Prädikat: Rot, Akkusativobjekt: Dunkelblau, Dativobjekt: Hellblau, Adverbialien: Gelb.

Bsp.: Parvana | möchte | gerne | Geld | verdienen.

A Auf dem Markt verkauft Parvana auf Grund ihrer Geldsorgen ihre Waren.
B Eine unbekannte Frau schenkt ihr eines Tages aus Mitleid Kleinigkeiten.
C Großzügig gibt Parvana abends das verdiente Geld ihrer Familie.

Ein Satzglied kann aus einem oder mehreren Wörtern bestehen. Mit Hilfe der **Umstellprobe** kann man erkennen, welche Wörter zu einem Satzglied gehören. Um die **Satzglieder** zu **bestimmen,** stellt man vom Prädikat ausgehend Fragen: „Wer tut etwas?" (Subjekt), „Wessen ...?" (Genitivobjekt), „Wem ..." (Dativobjekt), „Wen oder was ...?" (Akkusativobjekt), „Über was / Auf was / Für was ...?" (Präpositionalobjekt).

b Trage die sieben Adverbialien aus den oben stehenden Sätzen richtig in die Tabelle ein.

Temporaladverbialien	Lokaladverbialien	Kausaladverbialien	Modaladverbialien

Adverbialien machen genauere Angaben über ein Geschehen: über Zeit (Temporaladverbiale), Ort (Lokaladverbiale), Grund (Kausaladverbiale) oder Art und Weise (Modaladverbiale). Auch sie kann man erfragen: „Wo geschieht etwas?", „Wann / Seit wann / Wie lange ...?", „Warum/Weshalb ...?", „Wie / Auf welche Weise ...?".

Hauptsätze und Nebensätze – Satzgefüge und Satzreihen

6 **a** Unterstreiche, wie im Beispiel vorgegeben, in den folgenden Sätzen die Personalform des Verbs.
b Schreibe jeweils in die Kästchen hinter den Sätzen, ob es sich um eine Satzreihe (SR) oder ein Satzgefüge (SG) handelt. Ein Beispiel ist schon vorgegeben.

A *Parvanas Freundin Shauzia will nach Frankreich fliehen, das sie aus vielen Erzählungen kennt.* SG

B *Sie hat Angst, dass sie bald als Mädchen entdeckt werden könnte.* ☐

C *Außerdem fühlt sie sich zu Hause nicht wohl, denn ihre Familie behandelt sie schlecht.* ☐

D *Sie würde am liebsten Parvana mitnehmen, doch jene fühlt sich ihrer Familie gegenüber verpflichtet.* ☐

Satzreihen bestehen aus mehreren miteinander verbundenen **Hauptsätzen.**
Beispiel: *Parvana hat eine nette Familie,* ***aber*** *Shauzia wird von ihren Verwandten schlecht behandelt.*
Satzgefüge bestehen aus mindestens einem **Hauptsatz** und mindestens einem **Nebensatz.** Nebensätze erkennt man z. B. daran, dass die Personalform des Verbs am Ende des Nebensatzes steht. Nebensätze können in der Regel nicht allein stehen. Auch **Relativsätze** sind Nebensätze.
Beispiel: *Afghanistan ist ein Land, das ich noch nicht besucht* ***habe.***

E *Als Parvana eines Tages nach Hause kommt, erfährt sie von der Hochzeit ihrer Schwester.* ☐

F *Diese wird einen Mann heiraten, den sie gar nicht kennt.* ☐

Eine Schulaufgabe schreiben und überarbeiten

Bearbeite nun die folgenden Aufgaben einer Schulaufgabe.

Schulaufgabe

1 a) Der folgende Text enthält **18 Rechtschreibfehler.** Unterstreiche die fehlerhaften Wörter und schreibe sie in der richtigen Schreibweise in die rechte Spalte (in gleicher Zeilenhöhe!). Wenn du richtig geschriebene Wörter als falsch markierst, führt das zu Punkteabzug.

b) Im Text fehlen **vier Kommas.** Füge sie mit grüner Farbe deutlich sichtbar ein.

In unserer Klassenlektüre get es um ein Mädchen das während der Herrschaft der Taliban in Afghanistan aufwächst. Die Taliban wollen alles im Land kontrollieren und ferbieten zum Beispiel den Frauen und Mädchen, ohne männliche Bekleitung auser Haus zu gehen.

Irgentwann dürfen die Mädchen auch nicht mehr die Schule besuchen, weil es sich angeblich nicht lont, Geld in ihre Ausbildung zu steken. Und so muss Parvana die gantze Zeit daheimsitzen.

Mit der Langeweile ist es sofort vorbei als ihr Vater gefangen genohmen wird, denn von da an muß sie für die Familie Geld verdinen.

Dafür muss sie sich als Junge vergleiden den als Mädchen darf sie nicht in die Öffentlichkeid. Wärend die Familie noch auf die Rückkehr des Vaters wartet, wird die älterste Schwester dem Sohn einer befreundeten Familie versprochen und reist mit der Mutter und den jüngeren Geschwistern in den Norden des Landes. Parvana bleibt in Kabul, denn es könnte ja sein dass der Vater zurückkommt. Das ist auch tatsächlich so, aber in der Zwischenzeit weiß Parvana nicht, was mit dem Rest ihrer Familie passiert ist. Die Taliban haben nämlich nun auch den Norden des Landes unter Ihrer Kontrolle.

Zum Schluss gibt es aber noch ein wiedersehen.

2 a) Bestimme beim folgenden Satz die **Wortarten.** Schreibe jeweils auf die Linie unter dem Wort.

Aber vor dem Krieg unterrichtete

____

er mit Freude

____

seine fleißigen Schüler.

______________________________.

b) Verändere den Satz der Aufgabe a so, dass
- das **Akkusativobjekt** am Beginn des Satzes steht und
- er ein zusätzliches **Lokaladverbiale** erhält.

____

____

____

____

3 a) Entscheide dich, ob die unterstrichenen **Präpositionen** und **Konjunktionen** sinnvoll sind. Streiche die unpassenden durch. Finde stattdessen passende und schreibe sie in die vorgegebenen Lücken.

A Während ____________ ihr Vater nicht zurückkam, wollte Parvana mit ____________ Kummer gar nicht mehr hinter ____________ dem Haus gehen.

B Aber ____________ es blieb ihr keine andere Wahl, aber ____________ sie musste sich nun um die Familie kümmern.

C Mit ____________ Angst zitterte sie oft am ganzen Leib, weil ____________ sie wollte der Familie aus ____________ dieser Notlage beistehen.

b) Entscheide, welche der Sätze **Satzreihen** und welche **Satzgefüge** sind.

Satzreihen: ____________

Satzgefüge: ____________

4 a) Wandle die folgenden Sätze in **Passiv-Sätze** um. Achte jeweils darauf, dass du die vorgegebene Zeitform beibehältst.

A Die Familie sucht nach dem Vater.

____

B Parvana hat einen Brief geschrieben.

____

C Erst später informierte ein Taliban-Soldat die Familie.

____

____

b) Verändere in den Sätzen der Aufgabe 4a die **Zeitform.** Setze ...

... Satz A ins Präteritum: ______________________________

____

... Satz B ins Futur II: ______________________________

____

... Satz C ins Plusquamperfekt: ______________________________

____

Überarbeitung

Kontrolliere die fertige Schulaufgabe mit Hilfe der Checkliste und achte auch auf Flüchtigkeitsfehler.

Im nächsten Kapitel findest du auf den Seiten 52 bis 54 weitere Aufgabentypen, die in einer Rechtschreib- und Grammatikschulaufgabe vorkommen können.

Checkliste

Ja	Nein	Habe ich ...
☐	☐	... die 18 Rechtschreibfehler im Text gefunden und zu jedem eine Verbesserung aufgeschrieben?
☐	☐	... die vier Kommas im Fehlertext in Grün ergänzt?
☐	☐	... die Wortart jedes einzelnen Worts in Aufgabe 2a) bestimmt?
☐	☐	... den Text in Aufgabe 2b) nach den Vorgaben umformuliert?
☐	☐	... in Aufgabe 2b) ein Lokaladverbiale ergänzt, das sich mit „Wo unterrichtete er seine ... Schülerinnen?“ erfragen lässt?
☐	☐	... die Sätze in Aufgabe 3a) so verändert, dass sinnvolle Aussagen entstehen?
☐	☐	... mit Hilfe der Merkmale eines Nebensatzes die Sätze in Aufgabe 3b) richtig in Satzreihe und Satzgefüge unterschieden?
☐	☐	... in Aufgabe 4a) alle Sätze ins Passiv umgewandelt und in 4b) das Tempus richtig gebildet?

7 Wölfe – Testformate üben

Zu Beginn der 6. Jahrgangsstufe wirst du einen Deutschtest schreiben, den „Jahrgangsstufentest“. Er überprüft, ob du das Grundwissen aus der 5. Jahrgangsstufe beherrschst. Deshalb solltest du den folgenden Test schon in den ersten Schultagen des 6. Schuljahres als Probedurchlauf durcharbeiten. Hier kannst du zeigen, ob du

- Texte, Diagramme und Tabellen verstehst (Teil 1),
- dich richtig und angemessen ausdrücken kannst (Teil 2),
- die Regeln der Rechtschreibung und Zeichensetzung beherrschst (Teil 3),
- Grammatikregeln richtig anwenden kannst (Teil 4).

Wie kannst du mit der folgenden Einheit für den Deutschtest üben?

1 Arbeite den gesamten Test auf einmal durch.
2 Nimm dir 5 Minuten Zeit, den Text (▶ S. 48 f.) zu lesen.
3 Nimm dir 45 Minuten Zeit, um die Aufgaben (▶ S. 49–55) zu bearbeiten.
4 Stoppe die Zeit. Bleibe nicht an einer Aufgabe „hängen“.
5 Lies die jeweilige Aufgabenstellung genau durch. Unterstreiche Wörter, die dir sagen, was du tun musst.
6 Löse am Schluss die Aufgaben, die du noch nicht bearbeitet hast.

Die Seiten 26 bis 32 im Lösungsheft helfen dir bei der Auswertung des Tests. So kannst du sehen, in welchen Bereichen du vielleicht noch üben musst.

Die Zeichen (Piktogramme) neben den Aufgaben bedeuten:

Achte auf die Zeit, arbeite zügig!

Achtung: Schwierige Aufgabenstellung! Lies die Aufgabe noch einmal durch und denke genau nach.

Wölfe

1 Wölfe leben in großen Familien zusammen – so genannten Rudeln. Meist besteht ein Rudel in Europa aus etwa zehn Wölfen. Wie in einer Großfamilie gibt es die Eltern, die man den Leitwolf und die Leitwölfin nennt. Hinzu kommen die letztjährigen Jungen (Jährlinge), Babys (Welpen) und mehrere erwachsene, rangniedrigere Wölfe.

2 Jeder Wolf muss sich an die strenge Rangordnung im Rudel halten. Die Körperhaltung während der Begrüßung zweier Wölfe lässt eindeutige Rückschlüsse auf ihre Rangfolge zu. Der ranghöhere Wolf trägt Haupt und Schwanz stolz erhoben, während der rangniedere Wolf versucht, seine Unterwürfigkeit zu zeigen: Er macht sich klein, legt die Ohren an, um noch kleiner zu erscheinen, und leckt dem anderen Wolf die Schnauze. Durch das Demutsverhalten werden die Rangordnung und damit der Zusammenhalt im Rudel aufrechterhalten.

3 Den Leitwolf und die Leitwölfin nennt man auch Alpha-Tiere. Alpha ist der erste Buchstabe im griechischen Alphabet – das ranghöchste Wolfspaar ist also das erste Paar im Rudel. Wer einmal Alpha-Tier geworden ist, bleibt das aber nicht automatisch sein ganzes Leben lang. Andere Tiere aus dem Rudel machen dem ersten Paar dessen Position immer wieder streitig, sodass Leitwolf und Leitwölfin ihre Stellung heftig verteidigen müssen. Besonders während der Paarungszeit im Winter kann

es zu ernsthaften Rangkämpfen kommen. Denn nur das kräftigste Männchen und das stärkste Weibchen dürfen sich paaren und Junge bekommen.

4 Die Jagd gehört zu den wichtigsten gemeinschaftlichen Unternehmungen eines Wolfsrudels. Sie wird in der Regel durch ein gemeinsames Heulen eingeleitet. 🐾 Durch das Wolfsgeheul wird das Zusammengehörigkeitsgefühl im Rudel gestärkt. Wenn Wölfe in einer Vollmondnacht heulen, heulen sie nicht den Mond an, sondern nutzen sein helles Licht für die Jagd.

5 Die Natur hat es so eingerichtet, dass die Wölfe rund 14 Tage ohne Nahrung auskommen können, denn eine Jagd kann durchaus mehrere Tage dauern, bevor sie erfolgreich ist. Das liegt daran, dass Wölfe nicht gleich losjagen, wenn sie eine Herde mit möglichen Beutetieren ausgemacht haben. Sie beobachten erst, schleichen sich an und warten eine günstige Gelegenheit ab. Um herauszufinden, ob ein krankes oder schwaches Tier in der Herde ist, ziehen Wölfe oft tagelang mit einer Herde mit. Manchmal legen sie sogar einen Sprint ein, um die Verfassung ihrer Beute zu testen. 🐾 Die schwächsten Tiere werden schließlich erlegt.

1. Teil (Kompetenzbereich I): Textverständnis — **26 Punkte gesamt** – davon erreicht: ______ Punkte

Aufgaben zum Text „Wölfe“ (►S. 48 f.) und zu einer Tabelle (►S. 50)

Aufgabe 1 — **6 Punkte** – davon erreicht: ______ Punkte

Ordne den fünf Textabschnitten die passenden **Teilüberschriften** zu, indem du die Nummer des Absatzes danebenschreibst. Achtung! Eine Überschrift kann nicht zugeordnet werden. Schreibe neben diese eine „0“.

Teilüberschrift	Absatznummer	Teilüberschrift	Absatznummer
Beginn der Jagd	4	Anführer des Wolfsrudels	3
Erkennungszeichen für die Rangordnung im Wolfsrudel	2	Verteilung der Beute	0
Zusammensetzung eines Wolfsrudels	1	Nur die Stärksten überleben	5

Aufgabe 2 — **6 Punkte** – davon erreicht: ______ Punkte

Jedem Textabschnitt fehlt ein Satz an der mit den Wolfspfoten gekennzeichneten Stelle. Ordne die folgenden **Sätze** den Abschnitten zu, indem du die Nummer des Abschnitts neben den Satz schreibst. Achtung! Eine Aussage kann in keinen der Absätze eingefügt werden. Schreibe neben diese eine „0“.

Satz ...	gehört zu Absatz
A Bei dieser Einstimmung umwinseln die rangniederen Tiere die Leitwölfe und lecken ihnen die Lefzen, sodass es scheint, als würden sie die Anführer bitten, endlich mit ihnen auf die Jagd zu gehen.	4
B Wenn es besonders viel Nahrung in einem Lebensraum gibt, kann die Wolfsfamilie bis zu 20 Mitglieder umfassen.	1

Satz ...	gehört zu Absatz
C Dabei sorgt der Leitwolf für Ordnung bei den männlichen Tieren, die Leitwölfin tut dies bei den weiblichen.	3
D Manchmal überlisten die Wölfe ihre Beute, indem sie sie in einen Hinterhalt locken.	5
E Die Wölfe, die in Europa vorkommen, haben ein graubraunes Fell.	0
F Dieses Verhalten ist ein Überbleibsel aus der Welpenzeit. Um an Futter zu gelangen, lecken die Welpen nämlich ihrer Mutter die Lefzen (Lippen).	2

Aufgabe 3 — **9 Punkte** – davon erreicht: ______ Punkte

Löse das Kreuzworträtsel mit **Begriffen aus dem Text.** Bei richtiger Lösung ergibt sich in der senkrechten gelben Spalte mit dem Pfeil ein Lösungswort, das ebenfalls aus dem Text stammt.
Achtung! Umlaute musst du als zwei Buchstaben eintragen, z. B. ä = ae.

1. Sie legt die Positionen im Wolfsrudel fest
2. Familienverband, in dem Wölfe zusammenleben
3. Bezeichnung für die jüngsten Wölfe
4. Bezeichnung für die Jungen aus dem letzten Jahr
5. Zu dieser Zeit gibt es die meisten Auseinandersetzungen im Rudel
6. Verhalten, das die rangniederen Wölfe gegenüber den Leitwölfen zeigen
7. Anführer des Rudels
8. An ihr kann man rein äußerlich erkennen, welche Rangfolge ein Wolf im Rudel einnimmt
9. Streitigkeiten um die Stellung im Rudel

Aufgabe 4 — **5 Punkte** – davon erreicht: ______ Punkte

In der Tabelle findest du ausgewählte Zahlen zur heutigen Verbreitung der Wölfe in Europa.

Land	Fläche	Anzahl der Wölfe	Entwicklungsrichtung
Schweden	450.295 km²	45	zunehmend
Frankreich	674.843 km²	50	zunehmend
Italien	301.338 km²	400–500	zunehmend
Spanien	504.645 km²	2.000	zunehmend
Griechenland	131.957 km²	150–300	abnehmend
Tschechien	78.864 km²	5–10	zunehmend
Polen	312.678 km²	600–700	abnehmend
Russland	17.075.400 km²	30.000–100.000	–

Entscheide anhand der Tabelle auf S. 50 bei jeder der folgenden **Aussagen,** ob sie richtig ist, falsch ist oder mit der Tabelle gar nicht überprüft werden kann. Kreuze das Zutreffende („richtig“ – „falsch“ – „Angaben nicht in der Tabelle“) an.

	Richtig	Falsch	Angaben nicht in der Tabelle
Die meisten Wölfe leben in Spanien.	☐	☐	☐
In Russland leben besonders viele Wölfe, weil es dort ein spezielles Schutzprogramm gibt.	☐	☐	☐
In der Mehrzahl der aufgelisteten Länder steigt die Zahl der Wölfe.	☐	☐	☐
In Frankreich leben genauso viele Wölfe wie in Schweden.	☐	☐	☐
Während in Polen die Zahl der Wölfe abnimmt, nimmt sie in Deutschland zu.	☐	☐	☐

2. Teil (Kompetenzbereich II): Aufgaben zur Ausdrucksfähigkeit **13 Punkte gesamt**

– davon erreicht: ______ Punkte

Aufgabe 5 **4 Punkte** – davon erreicht: ______ Punkte

Die Wörter aus der Tabelle sind dem Text entnommen. Vervollständige die Tabelle mit passenden Ausdrücken aus der jeweiligen **Wortfamilie.**

Nomen	Verb	Adjektiv
Schwäche	schwächen	schwach
Stärke	stärken	stark
Nahrung	ernähren	nahrhaft
Länge	verlängern	lang

Aufgabe 6 **4 Punkte** – davon erreicht: ______ Punkte

Manche Wörter haben verschiedene Bedeutungen. Verwende die Verben „ausmachen“ und „einlegen“ jeweils in einer anderen Bedeutung als in den vorgegebenen Sätzen. Das Beispiel hilft dir.

Im Text	Dein Beispiel
a) Z. 8: „Er ... legt die Ohren an.“	Sie legt für ihr Patenkind ein Konto an.
b) Z. 24: „... wenn sie eine Herde mit möglichen Beutetieren ausgemacht haben.“	______
c) Z. 27: „Manchmal legen sie sogar einen Sprint ein ...“	______

Aufgabe 7 **5 Punkte** – davon erreicht: ______ Punkte

Ergänze den Auszug aus „Der Wolf und die sieben Geißlein" mit unterschiedlichen Ausdrücken aus dem **Wortfeld** *sagen*. Die Wörter „sagen" und „fragen" dürfen nicht vorkommen.

Nicht lange danach klopfte es an die Haustür und eine Stimme erklang:

„Macht auf, ihr lieben Kinderlein, eure Mutter ist da und hat euch etwas mitgebracht." Aber die Geißlein meinten: „Du bist unsere Mutter nicht, deine Stimme ist rau. Du bist der Wolf." Da ging der Wolf fort, kaufte ein großes Stück Kreide und fraß es auf. Jetzt hatte er eine weiche Stimme. Dann kam er wieder an die Haustür und versuchte es noch einmal. Aber der Wolf hatte seine schwarze Pfote in das Fenster gelegt. Das sahen die Kinder und riefen: „Wir machen nicht auf, unsere Mutter hat keinen schwarzen Fuß wie du, du bist der Wolf." Da lief der Wolf zum Bäcker und ließ sich die Pfote mit Mehl bestäuben, sodass sie ganz weiß wurde. Nun ging er zum dritten Mal zur Haustür und sprach: „Macht auf, liebe Kinderchen, eure Mutter ist wieder da und hat euch etwas mitgebracht." Die Geißlein forderten: „Zeig uns erst deine Pfote!"

3. Teil (Kompetenzbereich III): Aufgaben zur Rechtschreibung und Zeichensetzung **26 Punkte gesamt**
– davon erreicht: ______ Punkte

Aufgabe 8 **8 Punkte** – davon erreicht: ______ Punkte

Dem Verfasser des Textes sind **Rechtschreibfehler** unterlaufen. Streiche die falsch geschriebenen Wörter durch und schreibe sie richtig auf die Zeile daneben. Falsche Korrekturen führen zu Punktabzug.

Wolfsschule

Bis zu einem gewissen Alter geniessen Wolfswelpen eine Art „Narrenfreiheit" und stellen damit in der Rangordnung eines Rudels eine Ausnahme dar. Sie dürfen Dinge tun, die anderen Rudelmitgliedern verboten sind. Wenn die jungen Wölfe groß genug sind, beschnupern sie zusammen mit ihren Eltern die Welt auserhalb der Wolfshöhle. Hier begegnen ihnen auch die ersten Beutetiere – und die erste Endtäuschung, wenn sich nämlich eine kleine Maus geschikter anstellt als das hungrige Wolfskind. Der Wolf ist auf ganz bestimte Beutetiere fixiert. Dabei hilft ihm sein Rudel, aber auch zahlreiche eigene Erfahrungen – und diese können äuserst unangenehm sein. Nicht selten muss ein Wolfskind mit schmerzenden Stacheln in der Schnautze feststellen, dass man ein Stachelschwein besser in Ruhe lässt.

Aufgabe 9 **5 Punkte** – davon erreicht: _____ Punkte

Das oder ***dass?*** Entscheide und setze richtig ein.

__________ Wolfskinder viel lernen müssen, __________ kann man sich ja denken. __________ ist bei den Wölfen sogar überlebenswichtig. Was sie fressen dürfen und wie man sich auf der Jagd verhält, haben die Welpen gelernt, bis sie etwa ein halbes Jahr alt sind. Auch __________ das Verhalten, __________ sie gegenüber anderen Rudelmitgliedern an den Tag legen, entscheidend ist, wissen sie nun.

Aufgabe 10 **4 Punkte** – davon erreicht: _____ Punkte

Im folgenden Auszug aus dem Märchen „Rotkäppchen" fehlt die **Zeichensetzung bei der wörtlichen Rede.** Ergänze diese gut sichtbar. Achtung! Fehlen Satzschlusszeichen, so musst du diese ebenfalls eintragen.

Wo hinaus so früh , Rotkäppchen wollte der Wolf wissen.

Zur Großmutter entgegnete das Mädchen , denn sie ist krank.

Aufgabe 11 **5 Punkte** – davon erreicht: _____ Punkte

Im folgenden Auszug aus einer E-Mail fehlen die **Satzschlusszeichen (. ! ?).** Setze die passenden Satzschlusszeichen an den geeigneten Stellen. Markiere den Anfang jedes neuen Satzes, indem du das erste Wort durchstreichst und groß darüberschreibst.

Hallo Wolfgang,

wir kommen gerade von einem Ausflug in den Nationalpark Bayerischer Wald zurück war das ein herrlicher Tag wir sahen alle Arten von heimischen Wildtieren selbst ein Wolfsrudel konnten wir bestaunen ob die dort wohl genügend Beute finden

Aufgabe 12 **4 Punkte** – davon erreicht: _____ Punkte

Der Verfasser des folgenden Textes hat es sich wirklich leicht gemacht. Weil er die **Trennungsregeln** nicht kennt, hat er am Zeilenende lieber überhaupt nicht getrennt, sondern einfach auf die neue Zeile geschrieben. Kennzeichne alle Trennmöglichkeiten der unterstrichenen Wörter, indem du sie mit Trennstrichen auf die Zeilen neben dem Text schreibst. Das Beispiel hilft dir dabei.

Bei größeren Rudeln sind alle	*Wöl-fe*
<u>Wölfe</u> an der Aufzucht des	____________
<u>Nachwuchses</u> beteiligt. Ob nun	____________
als Aufpasser, wenn die Eltern nach Beute	____________
<u>forschen</u>, oder als Nahrungstransportmittel für die	____________
Kleinen. So wird der enge Zusammenhalt im Rudel	____________
<u>gefestigt</u> und darüber hinaus so	____________
<u>manche</u> Streitigkeit vermieden.	____________

4. Teil (Kompetenzbereich IV): Aufgaben zur Grammatik

21 Punkte gesamt
– davon erreicht: ______ Punkte

Aufgabe 13

5 Punkte – davon erreicht: ______ Punkte

Vervollständige die Sätze, indem du die Formulierungen in Klammern mit den **richtigen Endungen** einträgst. Dabei darfst du kein Wort hinzufügen.

Der aus dem Wildpark Tripsdrill (entlaufener Wolf) ______________________________ ist wieder eingefangen. Wie ein Sprecher (das wunderschön gelegene Wildparadies) ______________________________ ______________________________ mitteilte, wurde der Flüchtling gegen 17:30 Uhr nach (ein hilfreicher Hinweis) ______________________________ ______________________________ aus der Bevölkerung gefunden. Das Tier war am Tag zuvor aus dem Gehege ausgebrochen, während (die anderen Wölfe) ______________________________ ein Narkosemittel verabreicht wurde, um sie auf die Reise in einen spanischen Tierpark vorzubereiten.

Aufgabe 14

4 Punkte – davon erreicht: ______ Punkte

Schreibe die Adjektive in Klammern in der richtigen **(Steigerungs-)Form** auf. Achtung! Meistens musst du zu den Adjektiven noch weitere Wörter hinzufügen.

Es war einmal ein kleines Mädchen, das hatte (gütig) ______________________________ Großmutter der Welt. Einst hatte diese dem Mädchen ein rotes Samtkäppchen geschenkt. Und weil ihm das (gut) ______________________________ stand wie sonst keines, wurde es das Rotkäppchen genannt. Als eines Tages die Großmutter erkrankte, sollte Rotkäppchen ihr Kuchen und Wein bringen, auf dass es ihr wieder (gut) ______________________________ ergehe als vorher. Im Walde begegnete das Kind einem Wolf, der war (hinterlistig) ______________________________ alle anderen Wölfe der Gegend ...

Aufgabe 15

6 Punkte – davon erreicht: ______ Punkte

Bilde mit Hilfe der Wörter in den Kästen sinnvolle **Sätze nach dem vorgegebenen Muster.** Bringe dazu die Wortgruppen in die richtige Form und die vorgegebene Reihenfolge. Schreibe im Präteritum (erste Vergangenheit). Du darfst keine Satzglieder hinzufügen.

A				
Der Wolf	einige Stunden später	der Jäger	finden	im Bett der Großmutter

Temporaladverbiale – Prädikat – Subjekt – Akkusativobjekt – Lokaladverbiale

____

____

B | Der mutige Jägersmann | der vollgestopfte Bauch | der Übeltäter | aufschneiden

Dativobjekt – Prädikat, Teil 1 – Subjekt – Akkusativobjekt – Prädikat, Teil 2

____

____

Aufgabe 16 **6 Punkte** – davon erreicht: ______ Punkte

Verwandle jeweils den zweiten Satz in einen Nebensatz und verknüpfe ihn mit Hilfe einer sinnvollen Konjunktion mit dem ersten Satz zu einem **Satzgefüge.**

Satz 1:	Satz 2:
Die Zahl der in Deutschland lebenden Wölfe ist ungewiss.	Es gibt in Deutschland kein Meldesystem für beobachtete Wölfe.

Dein Satzgefüge:

____

____

____

____

Satz 1:	Satz 2:
Wissenschaftler gehen davon aus.	Immer wieder kommen vereinzelt Wölfe über den Fluss „Oder“ nach Deutschland.

Dein Satzgefüge:

____

____

____

____

Satz 1:	Satz 2:
Man muss mit einem Strafverfahren rechnen.	Man erschießt einen Wolf.

Dein Satzgefüge:

____

____

____

Autoren- und Textquellenverzeichnis

S. 22 f.: Der Rattenfänger von Hameln. Aus: Götter- und Heldensagen. Edition Lempertz. Bonn 2003, S. 201 f. (gekürzt und vereinfacht);
S. 27: König Watzmann. Aus: Franz Georg Brustgi: Aus der weißblauen Sagentruhe. Süddeutscher Verlag München 1972, S. 65 f.;
S. 30 f.: Der Fluch des Pharao. Aus: Dein Spiegel 02/2010, Spiegel-Verlag, S. 34.

Bildquellenverzeichnis

S. 2 (unten): © blickwinkel; **S. 30:** ullstein bild – heritage; **S. 2 (2. v. unten)/38:** © Verlagsgruppe Random House GmbH, München 2003

Impressum

Teile einiger Kapitel dieses Bandes wurden erarbeitet von Winfried Kober, Eva Lienert, Angelika Mauersich, Manuela Weber und Stephan von Weinrich

Redaktion: Amelie Ihering

Bildrecherche: Eireen Junge

Illustrationen: Friederike Rave, Wuppertal

Gesamtgestaltung: werkstatt für gebrauchsgrafik, Berlin (Umschlag-Foto: Tom Chance. © Westend 61/Photoshot)

Technische Umsetzung: werkstatt für gebrauchsgrafik, Berlin

www.cornelsen.de

1. Auflage, 4. Druck 2017

Druck: AZ Druck und Datentechnik GmbH, Kempten

ISBN 978-3-06-062438-6

PEFC
PEFC/04-31-2260

PEFC zertifiziert
Dieses Produkt stammt aus nachhaltig bewirtschafteten Wäldern und kontrollierten Quellen.
www.pefc.de